Michael Kleeberg

Böblinger Brezeln

Stories · Schneekluth

CIP-Kurztitelaufnahme der Deutschen Bibliothek

Kleeberg, Michael
Böblinger Brezeln: Stories / Michael Kleeberg
München: Münchner Edition · Schneekluth, 1984
ISBN 3-7951-0897-7

ISBN 3-7951-0897-7

Satz: SatzStudio Pfeifer, Germering
Druck und Bindung: Hieronymus Mühlberger, Augsburg
Printed in Germany 1984

Für G. W. & J. W.

Szameitat

Gegen Mitternacht hatte Gerd Szameitat seinen Tageslohn versoffen. Er hockte auf der Holzbank an der Wand unter dem goldenen Lorbeerkranz mit der Aufschrift Deutscher Meister 1965 auf einem blauweißen Band. Neben dem Kranz baumelten die Handschuhe des Champions. Auf einem Bord stand ein Buddelschiff mit abgebrochenem Hauptmast.
Szameitat reckte zwei Finger in die Luft und rief: No' ne Lage! Wenn er einmal saß, erhob er sich nur noch zum Pinkeln von der Bank, auf der er auch die Nacht verbrachte.
Der Wirt schob sich zwischen den Gästen hindurch und kam aus den Rauchschwaden auf Szameitat zu.
Jetzt hör mir mal zu, du Schnapsdrossel. Es ist okay, daß du hier sitzt. Es ist okay, daß du dich hier vollaufen läßt, es ist sogar in Ordnung, daß du hier knackst, obwohl die Kanakenweiber sich schon über die Kotze beschweren, die sie jeden zweiten Morgen aufwischen müssen. Aber was gar nicht in Ordnung geht, ist der ewige Kredit, den du willst. Hier, sieh dir das mal an, wenn du noch kannst.
Er klatschte mit dem linken Handrücken auf einen schmierigen Zettel, den seine Rechte Szameitat vor die Nase hielt.

Du hast deine zwanzig Lagen heute gehabt. Für mehr reicht's nicht. Du schuldest mir ohnehin schon dein Leben. Und das reicht kaum, um eine Lage zu zahlen.
Ich verbitte mir solche Anrede, sagte Szameitat. Ich bin ein ehrlicher Seemann...
Das warst du vielleicht mal.
...habe Frau und Kinder...
Hör mir doch auf. Deine Alte hockt im Entziehungsheim und kennt dich nicht mehr, und deine Mädchen gehen auf'n Strich.
Ich protestiere... Szameitat drückte sich in eine halb stehende Haltung hoch. Meine eine Tochter ist Lehrerin, und ich bin Seemann. Wenn ein Seemann von großer Fahrt kommt, bitte, nicht wahr, dann hat er wohl in einer deutschen Kneipe das Recht... Er begann zu husten und fiel auf seine Bank zurück.
Nur noch eine Lage... gegen's Sodbrennen, bitte. Und er sah aus flackernden Augen nach dem Wirt. Der stemmte die Hände in die Hüften.
Vom Nebentisch drehte sich ein junger Mann mit blondkrauser Dauerwelle um.
Gib dem Seemann noch 'ne Lage auf meine Rechnung. Und du – und er zeigte mit dem Finger auf Szameitat – hältst dann das Maul, damit man sich hier in Ruhe unterhalten kann.
Jawoll, ja, Herr Kapitän, schönen Dank auch. Szameitat reckte sich noch mal empor und verbeugte sich kurz.
Der Junge grinste, schüttelte den Kopf und drehte sich wieder zu seinen Tischnachbarn.
Der Wirt brachte Szameitat das Bier und den Korn und knallte die Gläser auf den Tisch. Dabei wedelte er ihm mit dem Zettel vor dem Gesicht: Das wird noch be-

zahlt! Szameitat kippte den Korn mit ausgestrecktem Ellbogen und blickte durch den Wirt hindurch.
An der Theke wurde es leerer, der Wirt drehte nicht mehr ständig Biergläser um die Bürste, sondern lehnte hinterm Tresen und rollte eine Zigarette. Willi schob einen Türken am Kragen vor sich her und stellte ihn fast sanft vor der Tür ab. Die jungen Männer am Nebentisch erhoben sich, gaben dem Wirt mit dem kleinen Finger ein Zeichen und verließen hintereinander die Kneipe. Der Wirt schlug seufzend ein Buch auf und notierte.
Die Kneipe leerte sich. Szameitat zeichnete mit dem Zeigefinger Wellenlinien in die Bierbrühe auf dem glattpolierten Tisch. Der Wirt begann die Stühle hochzustellen. Murrend schlugen die letzten Gäste die Mantelkragen hoch, legten Münzen neben die Bierdeckel, standen auf und blieben in der Tür noch einen Moment stehen, bevor sie in der Dunkelheit verschwanden.
Szameitat rollte sich auf der Bank zusammen und schlief. Er schlief tief, aber nicht sehr lange, und ganz gleich, wieviel er getrunken hatte, wachte er rechtzeitig auf, um zur Arbeit zu kommen. Er öffnete die Augen, zupfte das Hemd zurecht, zog die Jacke über und erhob sich. Von den türkischen Putzfrauen war erst eine da, die hinter der Theke aufwischte. Sie sagten einander guten Morgen, und Szameitat ging aufs Klo und drehte den Wasserhahn auf und fuhr sich mit der nassen Hand übers Gesicht und strich die Haare zurück, die in einer graubraunen Welle über den Kopf liefen und über den Schläfen ausdünnten. Er bat die Türkin um eine Zigarette und trat hinaus in den Nieselregen.
Es war noch dunkel. Im Regen ging er die Straße hinun-

ter und bog nach links in die Reeperbahn ein. Er ging durch die Dunkelheit, vorbei an den wenigen Menschen, die um diese Zeit leise wie Schatten vorüberhuschten. Beim Einsteigen in die U-Bahn vergewisserte er sich, daß sein Arbeitspaß in der Brusttasche steckte. An den Landungsbrücken verließ die U-Bahn den Tunnel, und die Regentropfen perlten an den Scheiben hinunter. Szameitat stieg am Baumwall aus und begab sich zur Admiralitätsstraße. Er warf seine Karte in den Kasten draußen an dem großen Backsteingebäude und betrat die Halle.

Die Halle war groß und hoch und gefliest wie eine Bahnhofshalle, und auf den Bänken hockten oder lagen schläfrige Männer und rauchten und tranken. Es roch nach Erbrochenem. In den Ecken standen die Ausländer und gestikulierten. Die große Uhr an der Stirnwand neben dem Hafenmosaik zeigte halb sechs. Das kleine erhöhte Podium an der Wand war noch leer und die Tür dahinter geschlossen. Aber die Karten wurden jetzt schon aus dem Kasten genommen, aussortiert und auf die Arbeitsstellen verteilt.

Szameitat holte sich ein Astra und setzte sich rauchend auf eine Bank zu einigen Kollegen, die Morgenpost lasen oder in die Luft starrten. Das einzige Geräusch kam aus der Ecke der Ausländer.

Der Mann neben Szameitat ließ die Zeitung sinken und brüllte:

Haltet's Maul am frühen Morgen, ihr Kanaker!

Der eine der Ausländer drehte sich um, warf die Hand über die Schulter und schrie zurück: Va fanculo!

Kanns nich deutsch? blökte Szameitats Nachbar, schon wieder hinter der Zeitung.

Gegen sechs öffnete sich knallend die Tür, und Bock, der Arbeitsvermittler, stürmte aufs Podium mit einem Stoß Papier unterm Arm. Morgen, die Herren, schnarrte er. Hundertfünfzig schleppende Antworten, während die Männer aufstanden und sich um das Podium scharten. Bock, in weißem Hemd, mit Stretchbändern um die aufgekrempelten Ärmel, ging mit der grünen Gumminoppe am Daumen die Namen durch.
PetersKnaackÖztürkCavoliniMeyer, Meyer!! Wo steckt Meyer?
Einige Kollegen versuchten vergeblich, Meyer wach zu rütteln.
So wird das nie etwas, sagte Bock böse und sortierte Meyers Karte aus. Hala Schuppen 16. Hier, Knaack, der Umschlag. LopezRudolfSzameitat von Waal, ho ho, ein Adliger, also von Waal. Eurokai. Szameitat, der Umschlag.
Szameitat schnappte den Umschlag und ging hinaus.
Vor dem Podium protestierte ein Italiener lautstark, daß er nicht aufgerufen wurde.
'Err Bock, was ist los, warum ich nicht?
Mußt eben früher kommen...
Aber ich war schon da um fünf Uhr!
Bock zuckte die Achseln. Komm nachher noch mal in mein Büro...
Danke, 'Err Bock!
Auf dem Weg zu den Barkassen sprach ein Junge Szameitat an.
Verzeihung, ich bin in Ihrer Gruppe...
Was heißt'n meine Gruppe?
Mein Name wurde mit Ihnen aufgerufen... und jetzt weiß ich nicht genau... ich bin heute das erste Mal hier ...

Da gibt's nicht viel zu wissen. Wir fahren mit der Barkasse rüber, und dann arbeiten wir. Arbeiten, verstehst du...

Natürlich, ich..

Also halt dich mal an uns. Was bist'n? Student?

Ja, sagte der Junge. Er war lang, dünn und trug einen Bart.

Was studierst'n?

Soziologie.

Wa? Na ja, wie alt bist'n?

Fünfundzwanzig. Ich heiße...

Von Waal, ist mir schon klar.

Andreas, sagte der Student.

Gerd, antwortete Szameitat.

Über dem Freihafen dämmerte es, und die Barkasse stampfte über den Fluß, hinter sich das schwarzrote Gebrodel der Hecksee mit weißen, sich verflockenden Kronen. Ein südamerikanischer Stückgutfrachter war zu entladen. Sie standen im Bauch des Schiffes und hoben mit Stahlhaken große Kartons auf Paletten, die der Kran hinunterließ. Oben an der Luke stand der Vorarbeiter und brüllte. Keiner ließ sich davon beeindrucken. Szameitat wàr es gewohnt, schnell und ohne zu denken zu arbeiten. Er stand breitbeinig auf den Kisten, im Unterhemd, und schaufelte auf die Palette, was immer vor ihm lag. Er arbeitete mit dem Studenten zusammen, der mit dem Greifhaken noch nicht zurechtkam.

Schneller, Junge, los. Mensch, kapierst du denn gar nichts?

Schwitzend versuchte der Student, Szameitats Tempo zu halten. Herr Szameitat, äh, ich glaube, diese Kartons müssen auf eine andere Palette...

Mann. Junge, halt's Maul, sind das deine Kartons, los, los...
Der Vorarbeiter brüllte von oben: Ihr verfluchten Arschlöcher, wie oft soll ich noch sagen, diese Kisten nicht auf diese Paletten. Ja, seid ihr denn alle blöde Kanaker?
Halt die Fresse, rief Szameitat nach oben. Erklär lieber richtig, was du meinst!
Bei euch hirnlosen Affen hat das alles keinen Sinn, schrie der Vorarbeiter zurück.
Ein paar Italiener hatten sich an die gerippten Flanken unters Dach zurückgezogen. Sie amüsierten sich über den Streit und lachten jedesmal laut, wenn der Vorarbeiter etwas von Scheißkanaken schrie. Sie hatten einen der Kartons geöffnet, bemerkt, daß er Ananasdosen enthielt, und waren dabei, diese mit den Stahlhaken zu öffnen. Sie winkten den Studenten bei.
Hier, iß, iß. Brauchst dich nicht ärgern. Deutsche immer so... Und der eine ballte die Faust und bewegte sie grimmig hin und her. Scheißkerle... Sie lachten und aßen die Ananas.

Mittagspause.
Machen Sie diesen Job schon immer? fragte Andreas Szameitat.
Blödsinn, Jungchen. Ich bin Seemann, mach das nur zur Zeit, wo ich keine Heuer kriege.
Und sonst so?
Ich bin verheiratet. Das heißt, war verheiratet. Meine Frau ist mir weggelaufen.
Und wo wohnen Sie?
Junge, du stellst Fragen. Zur Zeit wohn ich in einer

Kneipe. Da geh ich abends hin, trink einen, schlaf da und komm morgens wieder her.
Wahnsinn, sagte der Student. Kann man das physisch denn aushalten?
Siehst du doch, daß ich das aushalte. Was studierst du, hast du gesagt?
Soziologie.
Und was soll das sein?
Gesellschaftswissenschaft, also die Zusammenhänge im Leben von Gemeinschaften, wer was warum tut und so...
Na, für Geld und Weiber tut man's, das weiß ich auch ohne Studium. Und was wird man damit? Doktor?
Klar, seinen Doktor kann man machen...
Und warum machst du dann diesen Scheißjob?
Das hat ganz direkt mit dem Studium zu tun, daß man das Ganze auch mal von der praktischen Seite her...
Meine Tochter ist Lehrerin, sagte Szameitat.
An welcher Schule denn?
Weiß ich nicht. Ich hab sie schon zwanzig Jahre nicht mehr gesehen. Aber Lehrerin ist sie, soviel ham sie mir erzählt. So, los jetzt, weiterarbeiten, oder kannst du schon nicht mehr?
Darf ich mal mitkommen in die Kneipe? fragte der Student.
Verbieten kann ich dir's ja wohl nicht, sagte Szameitat und kletterte wieder in den Laderaum.

Der Student gesellte sich am Nachmittag den Italienern zu, bei denen die Arbeit ruhiger war und ab und zu durch eine Dose Ananas unterbrochen wurde. Bis Feierabend war der Wellentunnel freigelegt, und die

Arbeiter holten sich ihre Lohnstreifen ab und verglichen sie.
Abends saß Szameitat in der Kneipe und trank, bei ihm am Tisch der Student. Der Laden war voll. Szameitat war betrunken. Der Student blickte ihn konzentriert an und sah sich in der Kneipe um. Er fühlte sich wohl.
Hier, rief Szameitat dem Wirt zu. Der Herr Dokter ist mein Freund. Dokter, spendier mal ne Lage.
Doktor für hoffnungslose Fälle, was? spottete der Wirt.
Du abgerissener Bumswirt, mit dir gibt sich kein Akademiker ab, schimpfte Szameitat, aber mit mir. Ich hab ein interessantes Leben geführt. Seemann bin ich, Dokter, nur zur Zeit ohne Heuer, Frau und zwei Töchter. Und ich kann immer noch jede haben, die ich will!
Er rollte mühevoll seinen rechten Ärmel hoch und spannte seinen knotigen Bizeps an. Hier faß an, los, faß an, sagte er. Hier, du auch, Mädel, und er drehte sich um zum Nebentisch, wo ein junges, stark geschminktes Mädchen saß, in schwarzem Lederrock und schwarzen Stiefeln.
Laß mich in Ruhe...
Hier, los, fühl mal.
Sie hob gelangweilt die Augen zur Decke und tippte mit spitzen Fingern auf den Arm: Toll...
Na siehst du.
Der Wirt kam mit Bier und Korn.
Hier, das ist der Doktor, der sich für mich interessiert. Für so'n Schiet wie dich hat der keine Augen, sagte Szameitat.
Hallo, Doktor, sagte der Wirt.
Der Student jedoch interessierte sich für das Mädchen, das er auf höchstens neunzehn, zwanzig schätzte. Er

sprach sie an, sie sagte, er solle sie in Ruhe lassen. Er wolle sich nur ein wenig mit ihr unterhalten, ob er ihr ein Bier bestellen dürfe.

Meinetwegen.

Wie bist du denn an diesen Beruf geraten?

Sag mal, bist du von der Heilsarmee?

Nein, mir ist das alles nur so unklar, was da so passiert ist.

Mann, Alter, ich trink hier in Ruhe mein Bier, laß mich gefälligst in Frieden, mir ist gar nichts passiert.

Aber dir passiert gleich was, wenn du mit dem Fragen nicht aufhörst, sagte eine Stimme hinter Andreas, und eine Hand klopfte auf seine Schulter. Ist das klar?

Verzeihung, der Student drehte sich um und sah in das Gesicht eines lockigen Mannes, der kaum viel älter war als er selbst, aber doppelt so breit. Verzeihung, schon gut.

He, Dokter, Szameitat stand auf, macht der dreckige Zuhälter dir Ärger?

Der Mann drehte sich langsam um. Kümmer dich um deinen Kram, Saufnase.

Ich bin Seemann, sagte Szameitat und stand dabei so wankend vor dem anderen, als sei er tatsächlich an Deck. Der Dokter ist mein Freund, also verpiß dich.

Der Zuhälter grinste. Szameitat sammelte Spucke in seinem Mund und spuckte dem Zuhälter auf die Schuhe, der schlug zu, und Szameitat krachte rücklings auf die Bank und gegen die Wand, daß die Boxhandschuhe tanzten.

Szameitat stemmte sich empor und rammte dem Zuhälter den Kopf in den Bauch. Der taumelte zurück und wischte mit dem Arm ein Bierglas vom nächsten Tisch.

Der Besitzer des Bierglases stand mit rotem Kopf auf und boxte nach dem Zuhälter. Der Student schloß sich auf der Toilette ein. Das junge Mädchen verließ die Kneipe, ohne von jemandem berührt zu werden, und vergaß zu zahlen. Szameitat schlug mit dem Lorbeerkranz auf alles ein, was ihm vors Gesicht kam, und die goldenen Blätter flatterten durch die rauchige Luft. Der Wirt hieb zornig auf jeden Kopf vor dem Tresen.
Nach fünf Minuten hielt ein Peterwagen mit Blaulicht und Sirene vor dem Lokal. Die Polizisten ließen sich von jedem den Ausweis zeigen, warteten, bis Ruhe eingekehrt war, und verschwanden wieder.
Der Wirt ging an den umgekippten Tischen vorbei zu Szameitat.
Das war dein letzter Tag hier heute, ist das klar? Jetzt bringst du schon Leute her, die Stunk machen. Nicht genug, daß du nicht zahlst. Weißt du, daß ich dich in den Knast bringen kann, wenn ich dir den Schaden aufbrumme? Willi, wenn dieser Herr sich hier noch einmal blicken läßt, fliegt er auf der Stelle raus!
Der blonde junge Zuhälter klopfte seinen hellen Anzug ab, drückte dem Wirt zwei Scheine in die Hand und verschwand. Szameitat torkelte zur Tür hinaus und wischte sich mit einem Ärmel das Blut von der Nase.

Am nächsten Abend stand er schon vor der Tür, als ihm einfiel, daß er Lokalverbot hatte. Er trank zwei Bier an einer Imbißbude und suchte eine andere Kneipe. Da war eine mit einem Anker neben der Astra-Reklame. Er ging hinein. Zehn, zwölf Gesichter drehten sich nach ihm um. Er war der einzige Deutsche, aber er bemerkte es nicht. Er setzte sich an einen Tisch und bestellte eine

Lage. Die Türken drehten sich wieder um und redeten weiter. Nach einer Weile kam der Wirt auf ihn zu.
Wir jetzt schließen. Sie gehen bitte.
Nee, ich bleibe hier.
Nein, Sie müssen gehen. Wir schließen.
Ich schlafe hier, Kanaker. Ist das klar?
Die letzten drei Männer blieben auf dem Weg zur Tür stehen. Einer ging auf Szameitat zu.
Komm, Alter...
Faß mich nicht an, du Dreckskanaker!
Wieso Dreckskanaker? Ich will dir nur helfen. Wieso? Hä, wieso?
Halt's Maul, ich schlaf hier...
Los, los, verschwind jetzt. Wir machen zu.
Faß mich nicht an. Ich bin ein deutscher Seemann, und ich darf in Deutschland ja wohl in einer Kneipe pennen. Was habt ihr hier überhaupt zu suchen? Verpißt euch doch wieder nach Anatolien...
Fick dich, sagte der eine Türke.
Nicht lieber deine Schwester? lallte Szameitat.
Da schnappte wie im Reflex das Messer, und im selben Moment sprang Szameitat mit erhobener Faust vor, er lief geradewegs hinein, und es fuhr ihm unter den Rippen in den Bauch. Er starrte den Türken ungläubig an, der ihm mit großen Augen gegenüberstand, das Messer in der Hand, wie man die Scherbe einer umgefallenen Blumenvase hält. Szameitat setzte sich mit einem Plumps auf die Erde. Das Blut floß kaum aus ihm heraus, aber er merkte, wie sich die Flüssigkeit im Bauch sammelte. Dann merkte er nichts mehr.

Böblinger Brezeln

Dann sind Sie ja in Böblingen geboren, sagte der Polizist, der mit dem Paß vom Streifenwagen zurückkam.
Ja, sagte Werner Weinhold, aber ich lebe in Hamburg.
Der Polizist winkte ihn mit der MP weiter und rief: Und was wollen Sie hier?
Freunde besuchen!
Zuerst Klaus, neben dem er in der Schule gesessen, Klaus, von dem er doch nie etwas auf den Sportseiten gelesen hatte. Damals lief er die 400 Meter unter 50 Sekunden, dreimal die Woche Quälerei, stolz erzählte er, wie er nach jedem Lauf Blut spuckte. Er war immer zwei Schritt hinterher, wenn Witze erzählt wurden, aber auf der Bahn ließ er die andern mehr als zwei Schritte zurück. Damals war er in eine Doppelhaushälfte gezogen, im Flur hing das Ölbild von einem Bogenschützen, der dich immer ansieht. Um halb zwei ging er eckig den Berg vom Gymnasium hinunter, schwenkte seine Schultasche und brüllte: Rrrechtschaffen!!
Im Vorgarten noch immer die schmächtige japanische Kirsche und umgegrabene Erde und der Vater beim Jäten in einem ärmellosen Unterhemd vom C & C. Er war Siebenbürger, Donauschwabe, wie Klaus den Schwaben beteuerte, und er erkannte Werner sofort. Klaus sah aus wie früher, in Pantoffeln, nur mit Schnurrbart und

Zigarette. Auch sein Zimmer unterm Dach, die Sitzecke aus kariertem Stoff, der 62er Löwe-Opta, 20 Bände Fischer-Lexikon, ein Stapel Isnogud-Comics.
Trinken wir was?
In Ordnung.
Whisky?
Bist du denn nicht mehr im Traning?
Vorbei, sagte Klaus. Er zog das rechte Hosenbein hoch und zeigte eine dicke rote Narbe. Unfall mit der Kreidler. Schon vor vier Jahren. Der Fuß hing nur noch an ein paar Sehnen. Man muß das realistisch sehen. Er zündete sich wieder eine Zigarette an. Erinnerst du dich an Stahni und Ralf Decker? Die hat's beide erwischt. Und die restlichen guten Läufer sind rüber nach Sindelfingen. Niemayer hat geflucht... Noch einen?
Studierst du? fragte Werner Weinhold.
Klaus hatte Elektrotechnik studiert, aber nach drei Semestern aufgegeben.
Und jetzt?
Arbeite ich mit 'nem Freund zusammen. Wir kaufen alte Schlitten, machen sie TÜV-fertig und verscherbeln sie wieder. Man verdient prächtig dabei. Nur schweißen kann ich noch nicht.
Interessant, sagte Werner Weinhold, und der Sport und Olympia?
Das ist vorbei.
Weißt du noch, der Chor, sagte Werner Weinhold.
Klaus begann zu singen: REQUIEM AETER-HÄ-HÄ-HERNA-HAM, DONA E- IS und bekam einen Hustenanfall. Dann mußte er los zu seinem Mechanikerfreund. Er leerte den Aschenbecher und öffnete das Fenster. Meine Mutter... Unten stand sein Auto, Audi 80, mit Rost

unter den Türschwellen und einem Fuchsschwanz an der Antenne.

Werner Weinhold fuhr langsam durch die Stadt, um zu besehen, was er zurückgelassen hatte. Die Stadt kümmerte sich nicht weiter um ihn. Sie war mit sich selbst beschäftigt, sie wuchs. Die Betontürme um den Bahnhof machten die alte Bahnhofstraße zur Barackensiedlung. Nach Sindelfingen führte die neue vielspurige Stadtautobahn mit dem tausendfingrigen Dach der Lichtmasten und überquerte die Schlucht, in der die neue unbefahrene Autobahn nach Singen verlief. Über allem der Himmel, grauweiß von den Rauchwolken aus den Daimlerschloten. Vorbei an der deutschen und der amerikanischen Kaserne, wo unter Planen Panzer warteten. Daneben der Daimler-Parkplatz, dort standen schwarz, weiß und rot Tausende eingewachster Mercedesse in Reih und Glied.
Eine Gruppe Läufer in dicken Trainingsanzügen kam ihm entgegen, schwarze Löcher in den Wangen. Schneller, schneller, brüllte der gedrungene Trainer.
In der Kreiszeitung stand: Minderjähriger Dealer auf der Flucht erschossen. Türke aus asozialen Verhältnissen. Sollte aufgrund solcher sich häufender Vorkommnisse nicht überlegt werden, auf welche Weise man den türkischen Gastarbeitern die Rückkehr in ihre Heimat schmackhaft machen könnte? Anregung eines Betriebsrates der Daimler-Benz AG.
Werner Weinhold fuhr hinaus zum Rauhen Kapf, wo er aufgewachsen war. Waldsiedlung Rauher Kapf. Das waren die Wolter-Kinder, mit denen er im Sandkasten gebuddelt und Quartett gespielt hatte. Mit Carola war

er durchs Unterholz gestrichen, und da sie nicht wußten, was sie tun sollten, hatten sie mit Weidengerten ein Brennesselfeld zerschlagen. Beim Versteckspielen zwischen zwei rotlackigen Autos, die in der Sonne glänzten, hatte er sie fast einmal geküßt. Regina sprang vom Zehner und verachtete ihn, so daß er ihr durch Arschtritte Respekt einflößte, zuletzt am Umzugstag. Thorsten schmiß von den Bäumen Eicheln auf ihn.

Der Rauhe Kapf war schäbig geworden, von den Mietshäusern blätterte die Farbe, verbeulte Autos mit nachgespritzten Kotflügeln standen schief in den Parklükken, kein Vater polierte die Scheiben mehr mit dem Fensterleder, sein Haus war braun gestrichen, im Hof stand ein Möbelwagen, der dritte, den er in der Siedlung sah. Ein weißhaariger Mann mit einer Umzugskiste im Arm trat aus dem Haus. Herr Wolter! Dahinter ein Junge, das mußte Thorsten sein. Sie erkannten ihn nicht. Wo waren die Mädchen? Er klingelte am einzigen Namensschild, das ihm noch bekannt war.

Warum die Wolters umziehen? Der Mann ist vorzeitig pensioniert, er hatte schon zwei Herzinfarkte, sie gehen wieder nach Norddeutschland, Kassel, glaube ich. Die Töchter? Wissen Sie gar nicht? Die sind tot. Die Regina ist an Leukämie gestorben, schon vor vier Jahren. War ja immer so blaß und hatte dauernd Nasenbluten…

Und seine Mutter hatte gesagt, die Regina mit ihrer Milchhaut und den blauen Augen wird mal die Schönste.

Na ja. Und Carola, die ist ja von der Schule ab nach der elften, keiner weiß warum, und hat hier drüben beim

Friseur eine Lehre angefangen. Hätte ja auch wohl was Besseres kriegen können. War dann auch immer mit so Leuten zusammen. Also genau weiß es keiner, aber man sagt Rauschgift. Sie hätte sich Rauschgift gespritzt... Da kümmert sich mittlerweile schon der Innenminister drum, so schlimm ist das hier geworden.
Rauschgift auf dem Rauhen Kapf. Das gab es damals nur im Fernsehen, genau wie Vietnam, wo die Amerikaner sich zum Schrecken seiner Eltern nicht durchsetzen konnten. Er verbündete sich von da ab beim Krieg-Spielen mit den Russen.

Werner Weinhold verließ den Hof und ging die Straße hinunter, dorthin, wo Diana gewohnt hatte. Diana mit der Stupsnase, die wie ein Otter schwamm und prustend auftauchte, sie war die erste, die sich schminkte, hatte einen Freund mit Motorrad, brachte den Jungen in der kleinen Pause Foxtrott bei, Kapitän der Volleyballmannschaft, barfuß in schwarzen Gymnastikhosen im Turnunterricht. In der Quarta sah er ihr im Biosaal zum ersten Mal in die Augen: dich küß ich irgendwann. Einen Tag vor dem Umzug hatte er es geschafft. Davor waren sie in den Freistunden hundertmal auf seinem Mofa zum Eisessen gefahren. Schneller, schneller, rief sie und warf die Arme in die Luft.
Aber niemand reagierte auf sein Klingeln. Werner Weinhold versuchte es an der Nachbartür, wo eine Freundin von Diana gelebt hatte. Die war zu Hause.
Diana, die studiert in Konstanz.
Schade.
Vielleicht nicht, du würdest sie kaum wiedererkennen.
Hat sie sich so verändert?

Sie hatte einen Unfall.
Wann?
Vor zweieinhalb Jahren schon. Sie hat den Motorradführerschein gemacht und sich gleich eine 750er gekauft. Viel zu schwer für sie. An den Ampeln konnte sie sie kaum halten.
Und?
Sie ist nachts in ein unbeleuchtetes Baufahrzeug reingerast. Ohne Helm. Hat aber Schadenersatz bekommen.
Und? Was ist ihr passiert?
Sie hat sich jeden Knochen gebrochen, den es im Gesicht gibt. Keine Nase mehr, keine Backenknochen, kein Mund...
Ja, ja, und was...
Ein halbes Jahr war sie im Krankenhaus. Dann kam sie wieder und hat das Abitur nachgemacht. Schönheitsoperationen waren aus irgendwelchen Gründen kaum möglich. Der Kopf war wohl zu kaputt.
Und wie sieht sie heute aus, um Himmels willen?
Du würdest sie kaum wiedererkennen. Sie hat ein ganz anderes Gesicht, ganz andere Stimme. Und fett ist sie geworden. Von dem Versicherungsgeld hat sie sich einen Porsche gekauft und ihn gleich zu Klump gefahren. Sie frißt wie ein Tier, ganze Pizza aus der Hand. Ich hab ein Foto. Willst du sehen?
Werner Weinhold schüttelte den Kopf.

Auf dem Weg zur Autobahn sah er eine noch geöffnete Bäckerei. Er hielt an, ging durch das Klingeln der Ladentür hinein und verlangte vier Brezeln.
Sie, Sie send abr net von hier, oder?
Nein, ich komme aus Hamburg.

Ja, äben, das hört man doch, daß Sie net von hier send. Werner Weinhold fuhr aus Böblingen hinaus und aß eine knusprige Brezel mit weißer Blesse, mit frischer Butter bestrichen. Er bog auf die Autobahn ein. Die Brezel schmeckte gut.

Der Kapo

Der Chefredakteur las Fleer den Brief der ›Neckar-Post‹ vor. Beide lachten. Fleer versuchte sich zu erinnern, woher er den Namen des Mannes kannte. Er stand am Fenster und sah durch die nassen Scheiben hinunter auf die Straße. Er hatte als Junge da gelebt. In einer jener alten bäuerlichen Städte, die von Industrie verkrebst waren. Er dachte nicht oft an die Zeit. Den größten Rauschgiftsüchtigenanteil Württembergs und die schärfste Polizei.
Nichts davon gewußt damals.
Wie, sagten Sie, hieß der Mann?
Jaiser.
Die ›Neckar-Post‹ schrieb, daß dieser Jaiser sich an sie gewandt hatte. Er war besoffen gewesen, hatte randaliert, und eine Polizeistreife hatte ihn in einem Dorf aufgegriffen und ihn dann in einer Scheune eingesperrt. Sie ließen ihn dort eine Woche schmoren, und als sie ihn rausholten, verprügelten sie ihn, weil er sie verraten wollte. Da ging er zu der Zeitung. Sie vermittelte ihm auch einen Anwalt, und er erkannte die beiden Beamten wieder, als sie ihm auf der Wache gegenübergestellt wurden, aber die Justiz kam nur langsam voran, und die ›Neckar-Post‹ glaubte, Publicity könne der Sache guttun.

Meinst du, du verstehst die Leute da überhaupt? fragte der Chefredakteur.
Sicher, sagte Fleer, ich komme doch von da unten.

Jaiser wohnte in einem Dorf abseits der Landstraße. Er hatte am Band Autoheizungen montiert, in der Stadt ein Mädchen kennengelernt, Packerin in einer Maschinenfabrik. Geheiratet und in dieses Dorf gezogen, wo sie in einem Anbau des Hauses ihrer Eltern billiger lebten als in der Stadt. Den Anbau an das Bauernhaus hatten Jaiser und sein Schwiegervater in Hohlblocksteinen selbst besorgt. Verputzt war noch nicht. Vor einem halben Jahr hatte man Jaiser gekündigt. Seine Frau ging jeden Morgen um halb fünf zur Bushaltestelle an der Landstraße.
Fleer hatte sich angemeldet.
Grüß Gott. Sie kommet von dr Zeitung?
Fleer kannte den Mann irgendwo her. Etwas größer als er, breiter, von der Taille abwärts formlos, schon jetzt mit vielleicht dreißig. Eine große weiche Hand, wäßrigblaue Augen, fettiges Haar, streng gescheitelt, Strähnen über der Stirn, im Nacken ausrasiert.
Kommet Se nei. Meine Frau kocht grad. Dürfen wir Ihnen ebbes anbieten?
Fleer mußte grinsen: Wie der versuchte, Hochdeutsch zu sprechen. Wie gut, dem damals entkommen zu sein. Nicht mehr seins. Er nickte.
Saget Sie, kann des sein, daß mir uns kennet?
Ich wüßte nicht. Fleer lächelte irritiert.
Doch, doch, i kenn Ihr Gsicht.
Er starrte Fleer an, senkte dann verlegen den Kopf und grübelte. Auch Fleer dachte nach.
Hent Sie a mol hier gwohnt?

Ja, hier in der Stadt, lange her.
Ja, nadierlich, jetzt wois ihs. Nadierlich! Heißen Sie vielleicht Matthias mit Vornamen?
Fleer nickte.
Haja, erinnern Sie sich net mehr? Mir waren zusammen in dr Schul. In der Rückert-Schule in dr vierta Klass. I bin dr Dieter, Dieter Jaiser...
Ja ja, warten Sie mal.
Die Rückert-Schule, die vierte Klasse. Wie er Herrn Heck jeden Morgen vom Parkplatz abgeholt und seine Tasche ins Schulhaus und die Treppe hinauf... Sein Aufsatz über den Schulausflug, sechsseitig, gerahmt an der Wand des Klassenzimmers, die zusammengerückten Tische, Heidi und er und Jaiser, das Jahr, als er Primus, der Ärger, als er hörte: ein Mädchen in der 4b mit 1,4... Und Jaiser an seinem Tisch, mit den dreckigen Nägeln: der gewann beim Armdrücken und schrieb Sechsen im Diktat, rechnete mit den Fingern...
Erinnret Sie sich jetzt?
Fleer nickte. Vielleicht sehr gut für den Artikel, dachte er.
Ha jetzat, wissen Sie noch, den Matze hemmer Sie damals gnannt. Sie haben sich ja auch unheimlich verändert.
Warum duzen wir uns nicht wieder?
Ja, danke, gerne, sagte Jaiser.
Wie fühlst du dich denn nach dieser Geschichte?
Der Arzt sagt, soweit hätte ich alles gut verkraftet.
Schön, denn wir müssen das natürlich etwas aufwärmen.
Ja.
Aber du hattest ja schon immer eine gute Konstitution.

Ja.
Jaisers Frau rief aus der Küche: 's Essa isch fertich. Jetzt hent mer aber gar net mit ama Gascht gerechnet. Mir wußten ja nicht, wann Sie kommet, und au, daß Sie sich kennet. I hoff, Sie werrat trotzdem satt.
Nach dem Essen und einer Zigarette begann Fleer sich in der Wohnung unwohl zu fühlen und wollte ins Freie.

Sie gingen über einen Feldweg auf das Nachbardorf zu, weit entfernt führte vor dem Wald die Landstraße vorüber. Man konnte die Autos sehen, aber nicht hören.
Wir gehen die ganze Strecke ab, und du erzählst, sagte Fleer. Jaiser zog heftig an seiner Zigarette und nickte.
Im Dorf gingen sie die Straße entlang bis zu der Gaststätte. Jaiser trat von einem Fuß auf den andern.
Hier in der Kneipe hast du dich besoffen. Irgendwelche besonderen Gründe?
Haja, koi Arbeit, murmelte Jaiser. Älles macht meine Frau, und dr Schwiegervater sagt...
Ich verstehe. Warum hast du danach nicht den Feldweg genommen?
Da vorne isch noch eine Kneipe, sagte Jaiser.
Ah ja, sagte Fleer und lächelte.
Woisch, meine Frau geht morgens um halber fünfe ausm Haus, und um halber siebene abends kommt sie wieder. Ja, die Mutti kommt tags öfter mal rüber, und der Vater fragt, ob i was helfen kann...
Sie gingen weiter
Sie hatten Herrn Heck gefragt, ob sie in Gruppen sitzen dürften. Kam damals gerade in Mode. Ihm egal. Konnte ihm nichts weiter nützen. Herr Heck stimmte zu, aber er teilte die Gruppen ein. Herr Heck, der beliebteste

Lehrer der Schule, jung, mit Pagenkopf und R 4. Der in der Musikstunde Geige spielte, wenn man bettelte. Er ließ die Geige lachen mit ernstem Gesicht, so kam man ums Vorsingen rum. An jedem Tisch zwei gute und zwei schlechte Schüler. An seinem: Heidi, seine Konkurrentin, klein, fett, mit Zöpfen, die manchmal zu Schnecken gedreht waren, mit dicken Schenkeln, die beim Gehen aneinander schabten. Siegfried. Und Dieter: Dieter war derjenige, auf den er achtzugeben hatte. Herr Heck hatte ihm Verantwortung übertragen, auch er nannte ihn Matze. Er würde seine Aufgabe erfüllen, am besten von allen.
An den Straßenschildern fehlte in einer Linie der Lack, ein Streifen Blech war sichtbar, als habe man sie um- und wieder zurückgebogen. Fleer blieb stehen. Jaiser rauchte.
Hier hat die Polizei angehalten, sagte er.
Und du warst ziemlich betrunken.
Ja. Die hent ahghalta, wie i grad gega so a Schild gschlaga han. Die kamet aus dr Stadt. Se wolltet meine Papiere sehen, hatt i nadierlich net. Di nehme mer mit, saget se, Sachbeschädigung, so eine Sauerei. Ja wieso, sag i. Halt di Gosch, mir handeln im Namen des Gesetzes, und mir werdet dir jetzt eine Lektion erteilen, wer sagt uns denn, daß du koin Terrorischt bisch. Und i han gsagt, Quatsch, i wohn hier, koasch ja ebber frage, han i gsagt, aber die hent mi packt und ins Auto neisteckt. Des könnt ihr et macha, han i gsagt. Aber die hent gsagt: Du wirsch scho sähe, was mir könnet, du Verbrecher.
Jaiser atmete tief durch.
Ich habe gefragt, wo fahren wir jetzt hin, und die sagten, des wirsch scho säh.

Und du hast dich nicht gewehrt? fragte Fleer.
A was, die waret doch im Recht.
Ich kenne meine Früchtchen, sagte Herr Heck. Ich erwarte jetzt von euch, daß ihr selbst dafür sorgt, daß niemand den Unterricht stört, sonst müssen wir wieder umstellen. Wenn einer schwätzt oder net aufpaßt oder spickt, dann dürft ihr ihm 'nen kräftigen Klaps hinter die Ohren geben. Heidi, dein Schützling ist der Siegfried, Matze, deiner der Dieter...
Gelächter der Betroffenen, forsch gegen die Unsicherheit in ihren Blicken. Dieter sah ihn an, aber sie akzeptierten es alle, es kam von Herrn Heck. Fleer liebte Piratenfilme, alles hörte auf das Kommando des Kapitäns, so war das Piratenschiff das schnellste. Er sprach sich mit Heidi ab. Er wollte dafür sorgen, daß sein Tisch der beste in der Klasse würde. Woisch überhaupt, wod' mi naschlaga sollsch? hatte Dieter gefragt; er wußte es. Von jetzt an beobachtete er wie ein Luchs jede von Dieters Bewegungen.
Und wie ging es weiter? Wo sperrten sie dich eigentlich ein?
Mir gehn drauf zu. Mir waret grad zwei Minuta gfahra, da sagt dr oine: An dir werrat mir ein Exempel schtaduiera. Du randalierscht nemmeh! Und dr andere sagte: Wa willsch doa? Den sperr mr heut nacht hier oi, sagt dr erschte, und morga früh isch an andra Mensch aus dem worra. Des koasch et macha, sagt dr andre. Klar ko i. Glaubsch, den laß mr uns au no Steuergelder koschta, indem mr ihn vors Gricht bringa. Des isch der et wert. I mach des dem scho klar, daß der so ebbes net wieder tut.
Jaiser und der Reporter gingen die Straße hinter dem Dorf am Waldrand entlang. Jedesmal, wenn ein Auto

vorbeiraste, traten sie einen Schritt zur Seite. Einige hundert Meter weiter stand am Straßenrand ein kleines Holzhüttchen, eine von den Hütten, in denen man im Winter Streusand lagert.
Da, sagte Jaiser.
Fleer schwieg. Sie gingen auf die Hütte zu. Jaiser rauchte. Fleer dachte daran, daß die Polizei noch nicht einmal ein Disziplinarverfahren angestrebt hatte. Vielleicht waren die zwei ansonsten gute Polizisten, und man wollte es nicht so genau wissen. Aber er wollte es ganz genau wissen.
Dann hent se mich ausm Waga zerrt und gsagt, i solls Maul halta und ihnen dankbar sein, daß se mich net anzeiget, und sie holen mich morgen früh wieder ab. Und dann trieben sie mich zur Hütte, und innen hent se mich an an Balka festzurrt. Da war i ja noch zu bsoffa, um viel zu kapiern, aber dann han i Angst kriegt in dr Dunkelheit, unheimliche Angscht, koasch des versteha, und dann sind se net komma, als es Morgen war, des han i an die Autos ghört und an einem Spalt Licht unter dr Tür gsäh.
Wieso hörte dich denn niemand?
Ja woisch, verdammt, des isch a Bundesstraß, da geht koin Mensch, da brettrat se nur durch mit die Autos. Und dann sind se net komma, woisch, die kamen einfach nicht...
Am nächsten Morgen, erinnerte sich Fleer, hatte Jaisers Frau eine Vermißtenmeldung aufgegeben. Die beiden Polizisten mußten Angst bekommen haben. Sie hofften wohl, daß er von alleine freikäme. Ein paar Tage später blieb ihnen nichts anderes mehr übrig, als doch vorbeizufahren.

Und danach isch es dann schlimm gworra. Zuersch isch dr Durst wieder wegganga, und i han gschria. Aber dann han i zerscht Hunger ghet, und dann, nach ner Zeit, kam der Durst wieder. Hasch du scho mol Durscht ghet? Die ganze Zeit dunkel, und i konnt mi net nahocka...
Er starrte die schwarzgebeizte Holzwand des Hüttchens an, die unten verspritzt und grau vom aufgewirbelten Matsch und Kies des Straßenrandes war.
Hosch scho amol so wahnsinnig glitta? Und zerscht dacht i, die kommet jeden Augenblick, und dann han i se verflucht, und dann han i nur noch gwünscht, daß se kommet, nach ein paar Tagen, und dann war mein Mund so trocken, daß i net mehr schreien konnte, innen und außen trocken, und dann konnt i au et mehr schlukka, und da han i mir zum Schluß die Lipp aufbissa und mei eignes Blut trunka, woisch, daß i irgendwas hätt, irgendwas, und dann wollt i noch mehr, aber meine Lippen waret so trocken, daß i nur noch Haut im Mund hatt...
Jaiser starrte gegen die verspritzte Hüttenwand.
Und dann dacht i, i erstick... Er schnappte nach Luft. Wie jetzt, jedesmal, wenn i dran denk. Und irgendwann kamen sie dann, i war scho kaum mehr da, und hent gleich gsagt, du helsch es Maul, klar? Du helsch es Maul, un i nur immer trinken, trinken, han i gekrächzt, und da hän ses gmerkt, und dr oine hat mr an Sprudel von seim Veschper gebba, und den han i austrunka und mir ins Gsicht kippt, und da mußt i spucka, ond es kam nur Galle, woisch, und danach hatt i wieder Durst und dr oine sagt, du häschs ausgsoffa, mir hänt nix mehr. Und i sag, des kommt euch noch teuer, und sie sähet

mich an, und dann fanget se au noch an, mich zu verprügeln und…

Mit der leicht gekrümmten Hand hatte er ausgeholt und Dieter einen schallenden Schlag versetzt, zwischen Ohr und Hemdkragen meist, dort wo der Nacken ausrasiert war, manchmal auch auf die Backe, des Geräusches wegen, und Dieter lächelte jedesmal leicht zu ihm hin, schuldbewußt, er rieb sich sein Ohr und blickte auf sein Schulheft. Es verging kein Tag, an dem er Jaiser nicht wenigstens einmal beim Schwätzen ertappte, ihn ohrfeigte, nach Herrn Heck sah; manchmal schlug er bereits, wenn Dieter sich zu einem anderen Tisch umdrehte, er protestierte laut, aber Herr Heck meinte, für die eine zuviel hätte er an anderer Stelle bestimmt zu wenig bekommen. Alles lachte. Fleer hatte kein schlechtes Gewissen, er war im Recht, und der kräftige Dieter empörte sich nie, einmal wollte er ihm eine Ohrfeige geben, zur Information, das meinte er ernst, aber darauf ließ Fleer sich nicht ein. Wenn Dieters Kopf nicht auf die Tafel gerichtet war, holte er aus und ließ seine leicht gekrümmte Handfläche auf Dieters Ohr klatschen. Er war stolz…
Fleer bemerkte, daß Jaiser gegen die Hütte lehnte und weinte, rot seine Ohren neben dem dunklen kurzen Haar des Hinterkopfes. Fleer räusperte sich.

Auf beiden feuchten Bierdeckeln drei schwarze Kugelschreiberstriche. Die Geräusche des Schankraumes, undeutliches Summen und Rauschen, still ihre Nische, sie wußten nicht, was reden. Sie waren zurück zu Jaisers Haus und in Fleers Wagen in die Stadt, um etwas zu

trinken. Jaiser rauchte ununterbrochen seit dem Nachmittag. Halb sah Fleer die Bewegungen der Gäste an den anderen Tischen und das mit Gläsern dazwischen balancierende Mädchen, das servierte.
Tut mir leid, daß i mi han gehe lasse vorhin.
Wie bitte... Um Gottes willen, vergiß es. Das macht doch nichts, du.
Woisch... Noch zwei Bier bitte, Frollein!
Er schwieg und wischte sich mit dem Handrücken über die Nase. Fleer beobachtete ihn aus den Augenwinkeln. Die roten Ohren. Beherrsch dich, Mann! Ihm eine scheuern, daß er wach würde. Sie tranken ihr Bier aus, dann kam das nächste.
Erinnerscht du dich noch an die Schul?
Fleer fuhr auf. Woran?
Na, die Zeit beim Herrn Hack, wie's so war.
Kaum, sagte Fleer, zu lange her.

Wie war's denn heute in der Schule? fragte sein Vater, der nicht wußte, was er ihn sonst fragen sollte. Oh, wie üblich. Wir sitzen jetzt in Gruppen zusammen, und die Guten dürfen auf die Schlechten achtgeben. Und auf wen gibst du acht? Den kennst du nicht. Ein Idiot, der beim Zählen die Finger benutzt. Worauf mußt du denn achtgeben? Daß er nicht schwätzt und so. Der Vater setzte sich. Und wenn du schwätzt? Aber Papa, ich schwätz doch nie. Ich darf ihm dann eine runterhauen. Er hat sich auch schon gebessert, es klappt toll. Unser Tisch paßt am besten auf, sagt Herr Heck. Eine runterhauen? Sein Vater sah ihn an. Ja, hinter die Ohren. Er zögerte. Was ist denn dabei, ich schlag ja kaum zu. Und der Lehrer heißt das gut? fragte sein Vater. Ja, er hat es schließlich angeordnet, es ist wirklich nicht schlimm, eben nur, wenn er schwätzt. Sein Vater sah ihn an. Ich zeig dir's mal, Papa. Sein Vater schüttelte den Kopf. Aber ich denke, du willst es wissen. Er rückte auf seinen Vater zu. Dreh dich mal zur Seite, als würdest du mit jemandem sprechen. Jetzt lag das Ohr seines Vater vor ihm. Er holte aus und schlug zu, weniger stark als bei Dieter. Sein Vater riß den Kopf herum, faßte mit der Hand an die getroffene Stelle, öffnete den Mund, wie um etwas zu sagen, seine Nasenlöcher bewegten sich kurz, die Augen weiteten sich, um gleich darauf schmal zu werden, zwei Furchen entstanden über der Nase, und so, mit offenem Mund und gefurchter Stirn, sah er ihn an.

Acht Striche auf den Bierdeckeln. Jaiser rauchte nur noch, wenn er bemerkte, daß er keine Zigarette zwischen den Fingern hielt.

Komm, gehen wir, sagte Fleer.

Sie schoben sich zwischen den Tischen hindurch zum Ausgang. Fleer überlegte, in welcher Richtung er seinen Wagen geparkt hatte. Sie stiegen ein und fuhren los. Fleer riß die Augen auf und korrigierte dauernd. Er nahm eine Rechtskurve mit quietschenden Reifen. Jaiser faßte nach dem Haltegriff, ohne zu sprechen. Fleer blinkte und schoß nach links in eine belebte Straße. Der Wagen schleuderte nach außen. Fleer steuerte mechanisch gegen, aber anstatt Gas zu geben, lenkte er nur immer weiter nach links. Die Räder blockierten und der Wagen schlitterte gegen den Kantstein, es krachte, und er stand. Der Motor war aus. Leute liefen zusammen. Fleer stieg aus.

Sie müssen die Polizei rufen!
Er ging um den Wagen herum. Er war gegen eine Parkuhr gefahren, die seinen rechten Kotflügel eingedrückt hatte. Das Rad stand schief, vom Anprall an den hohen Kantstein schien die Aufhängung gebrochen zu sein. Fleer hockte sich auf die Motorhaube und zündete sich eine Zigarette an. Dann hörte er den Polizeiwagen. Die Leute hatten es eilig gehabt, etwas zu sehen zu bekommen. Jaiser stieg aus dem Wagen.

Fleer saß in dem verschlossenen Raum in der Polizeiwache. Ein Holzstuhl, ein Holztisch, ein Waschbecken, weißes Email, schmutzverkrustet. Schnappschloß. Durch das Glasfenster sah er die Wachbeamten. Es ist dieselbe Wache, es sind dieselben Leute, hatte Jaiser gestammelt. Einer ließ von draußen eine Jalousie über das Fenster. Als sich die Tür öffnete, zuckte Fleer zusammen.
Die beiden Beamten, die hereinkamen, sagten: Sie wollet also keine Aussage machen. Überleget Sie sich des gut.
Was wollen Sie eigentlich? rief Fleer.
Durch die Tür glitt rasch eine große breite Frau. Sie erinnerte Fleer sofort an eine Spinne. Sie war ständig in Bewegung, und jede ihrer Bewegungen war zielbewußt. Ihre Beine gingen an ihm vorbei, zogen sich ein Stuhlbein heran, ihre Hände legten das Besteck für die Blutentnahme auf den Tisch und schlossen gleichzeitig die Schublade auf, ihre Augen fixierten ihn ständig. Das Haar der Ärztin war kurz, ihre Haut grau und großporig, sie war schwerer als Fleer. Die Polizisten blieben in der Ecke des Raumes stehen, die Hände auf die Pisto-

lentaschen gestützt. Sie wollen also nichts erzählen, los, den Arm her.

Langsam, langsam, begann Fleer.

Die Ärztin warf einen Seitenblick auf die Polizisten, während sie die Spritze fertigmachte.

Ärmel rauf!

Ihre Berechtigung möchte ich gerne sehen, sagte Fleer.

Sie reagierte nicht.

Was glaubet Sie, wo Sie send? sagte der Polizist. Mir send hier auf der Wache. Sie hent gfälligscht zu ghorcha, isch des klar?

Vielleicht waren es die beiden, die Jaiser festgenommen hatten. Die Jalousie war zu. Sie konnten tun, was sie wollten. Mechanisch hielt er der Ärztin den Arm hin. Sie führte sehr gekonnt die Nadel ein. Ihr harter Griff auf seinem schlaffen Arm, das schnelle Desinfizieren mit dem Tüchlein fühlte sich sehr angenehm an. Benommen und ausgeliefert. Die Ärztin klebte ein Schild mit seinem Namen auf das Röhrchen mit dem Blut, zog mit dem Knie die Schublade auf, warf die Verpackungsreste hinein, und als Fleer aufsah, war die schwarze Tasche bereits geschlossen, und die Ärztin bewegte sich hinaus, sah ihn noch einmal genau an.

Mir kommet wieder, sagte der eine Polizist.

Verstört saß Fleer auf dem Stuhl und starrte vor sich hin.

Er lag auf der Wolldecke im Freibad. Aus mit dem Geblinzel durch die Blätter der Bäume in die Sonne, dem Gefühl zu schweben. Neben ihm seine Freundin mit dem flachen Bauch. Eben hatte er Dieter Jaiser gesehen. Vier Jahre war es her, daß sie in der gleichen Klasse gewesen waren. Jaiser, den er seitdem nicht mehr gesehen hatte, der die Hauptschule besuchte oder gerade abgeschlossen hatte. Kräftig, sehr kräftig in der Badehose, und da er immer aufsah, wenn jemand nahe vorbeiging, trafen sich ihre Blicke kurz. Hatte er ihn erkannt? Würde er jetzt seine Freunde holen, um sich zu rächen für Hunderte von Ohrfeigen? Sie würden zu zweit oder zu dritt oder viert kommen. Ah, Fleer. Matze würde er ihn nicht mehr nennen. Erinnerst du dich noch? Niemand kümmerte sich um eine Schlägerei im Freibad. Aber er konnte Britta nichts sagen. Konnte er sie auffordern, nach Hause zu gehen, jetzt, eine halbe Stunde nach ihrer Ankunft, jetzt schnell, bevor er wiederkam, nein, nicht einmal sprechen konnte er darüber, und dabei wußte er so gut, wie es werden würde. Britta lag auf dem Bauch und döste, und er wartete und wartete, bis sie kamen. Und dann sah er ihn, mit einem anderen, sie kamen den Hügel herunter, steuerten auf ihn zu. Britta setzte sich auf. Hallo, Matze, lang nicht gesehen, wie geht's so? Fleer blieb ganz still. Jaiser redete wie ein Buch, weißt du noch, die alten Zeiten bei Herrn Heck, wie du mir immer eine runterhauen durftest. Er schlägt ganz schön zu. Fleer sah Britta nicht an. Jaisers Gesicht war völlig offen. Hat aber nicht geschadet. Du hattest ja recht.

Fleer sprang auf und hämmerte mit der Faust gegen die Tür. Sie öffnete sich.
Ich möchte telefonieren.
Der Polizist ließ ihn in den Wachraum treten.
Kann ich bitte telefonieren?
Der Beamte am Schreibtisch schob ihm den Apparat hin. Fleer wählte die Privatnummer des Chefredak-

teurs. Es klingelte zweimal, fünfmal, zehnmal. Dann wurde abgehoben. Fleer sprudelte los und mußte alles wiederholen.
Sagen Sie denen, sie sollen mich rauslassen. Erklären Sie, daß es wichtig ist, um Gottes willen.
Was bist du denn so aufgeregt, mein Junge? meinte der Chef schläfrig.
Fleer reichte den Hörer dem Oberwachtmeister.
Ja? Ja. Ja. Ja, nadierlich. Das wollten wir ohnehin.
Er legte auf und sah Fleer an. Er hob die leicht gekrümmte Hand – Fleer schloß die Augen – und ließ sie fallen. Mir tun au nur unsre Pflicht.
Fleer sah ihn an.
Dann mußte er das Protokoll unterschreiben.
Ja, und des isch denn wohl älles, sagte der Beamte.
Da man Jaiser bereits weggeschickt hatte, bestellte sich Fleer ein Taxi und ging hinaus auf die Straße. Er steckte sich eine Zigarette an. Er wollte nur noch nach Hause und den Bericht loswerden.

Ein Leben in Osteresch

Karla versuchte es fünf Minuten lang mit dem Kellerschlüssel, dann fiel ihr ein, Licht im Treppenhaus zu machen. Sie öffnete ihre Wohnungstür und stand im dunklen Flur. Es war eiskalt. Sie klatschte mit der Hand gegen die Wand, wo der Lichtschalter saß. Im Zimmer war es schon hell. Sie ging zu dem Gasofen an der Wand neben dem Fenster und schaltete ihn ein. Dann wurde ihr wieder übel. Sie hing über dem Klobecken und würgte und atmete den Geruch von kalter Asche aus dem vollen Aschenbecher, der auf dem Spülkasten stand. Sie dachte an den gelb schlierigen Saft auf den blauen Plastikpolstern in der U-Bahn, als sie vom ›Igel‹ nach Hause gefahren war. Dann zündete sie sich eine Zigarette an, um den Geschmack aus dem Mund zu kriegen. Sie zog den Vorhang zu gegen das Morgenlicht und legte sich ins Bett im trocken schnalzenden Geräusch des anlaufenden Ofens.

Sie träumte davon mit einem Mann zu schlafen. Sie saß auf ihm und rollte auf ihm hin und her, und er stieß kurze Schreie aus, und dann sah sie ihn an, und er hatte ihr Gesicht und schrie, Schmerzensschreie, und sie fragte, was ist, tu ich dir weh, ekelt dich mein Pilz, und der Mann mit ihrem Gesicht schwitzte und stank und schlug mit den Armen auf die Bettdecke und gab einen

langen Schrei von sich, von dem sie aufwachte; doch der Schrei hielt an, und das Zimmer stank nach verbranntem Gummi.
Ihr Kopf schmerzte, und sie wußte zuerst nicht, war sie wach oder nicht. Dann stand sie auf, ging zum Fenster, zog den Vorhang zur Seite, und das helle Tageslicht fiel herein. Der Ofen, irgend etwas am Ofen ist kaputt, und sie kniete sich vor das Drahtgitter. Dann war da wieder das Piepen, es kam aus dem Ofen und der Gestank wie angesengter Gummi, und dann ein Geräusch, wie wenn man den Finger in einen Plastikventilator hält: Trrrrt. Da saß ein Tier drin, im Ofen, Blödsinn, im Rohr, ein Vogel, wie kam der da hinein. Sie sprang auf und wollte zum Fenster, da war wieder der verzweifelte hohe Ton, und sie drehte sich um und schaltete das Gerät aus. Sie biß sich auf den Fingernagel und nahm eine Zigarette. Dann öffnete sie das Fenster und sah nach links. Wo ihr Ofenrohr aus der Hauswand trat, fehlten die Blechlamellen. Fetter, schwarzer Rauch quoll aus der Öffnung. Dort mußte ein Vogel reingeflogen sein, aus irgendeinem Grund. Der kam nicht raus, wollte nicht raus, natürlich wollte er, er mußte verletzt sein, oder irgendwo festhängen…
Sie ging im Zimmer umher, dann piepte der Vogel wieder langanhaltend und schlug laut mit den Flügeln. Der Ofen wirkte wie ein Verstärker. Karla sah nach, er war ausgeschaltet. Sie ging zurück zum Fenster und lehnte sich hinaus, so weit sie konnte. Sie erreichte mit der Hand fast den Rohrausgang. Fünfzehn Meter unter ihr lag der geteerte Innenhof. Sie beugte sich immer weiter vor und stand plötzlich nur noch ganz leicht auf den Füßen. Da zog sie sich erschreckt ins Zimmer zurück.

Der Vogel piepte, der Gestank hing in der Luft. Karla holte einen Besen, ging zum Fenster und versuchte, den Stiel ins Rohr zu schieben. Nach dreißig Zentimetern stieß sie auf blechernen Widerstand, dort, wo das Rohr eine Biegung machte. Sie stand an die Fensterbank gelehnt, und die Tränen kamen ihr. Die Zigarette war im Aschenbecher verglommen, sie zündete sich eine neue an. Aus dem Ofen kam kämpfendes Flügelschlagen. Karla flüchtete ins Badezimmer. Im Flur an der Wand das Telefon. Wer könnte helfen? Niemand fiel ihr ein. Der Pilz juckte. Im Badezimmer stellte sie ein Bein auf den Rand der blechernen Badewanne und rieb sich mit der Creme ein, die bislang nichts genützt hatte. Sie betrachtete sich im Spiegel: das rötliche Haar, die weiße Haut, das Bulldoggengesicht, Butterhexe nannte Kaloor, ihr Vater, sie, Gelsomina hatte einmal jemand zu ihr gesagt. Die hängenden Brüste mit den dicken Pusteln auf den Warzen, die gelbe Fettrolle über ihren Hüften. Sie starrte sich an, ohne das Gesicht zu verziehen, dann dachte sie an den Vogel. Vielleicht erholte er sich. Die Biester sind widerstandsfähig, oder nicht? Es mußte ein junger Vogel sein. Wie war er da hineingeraten? Vielleicht war er schon tot. Dieser Gestank, er brannte bei lebendigem Leib, er konnte nicht weg, wer hatte ihn da reingelotst. Unter Vögeln war's nicht üblich, einander zu helfen. Sie kam nicht an ihn ran. Vielleicht war er schon tot. Vielleicht war er durch die Angst zu Kräften gekommen und davongeflogen, aber der Gestank und der schwarze Rauch, vielleicht waren seine Flügel verbrannt, er hockte in dem schwarzen Loch ohne Licht und fühlte nur die Hitzewelle auf sich niederbrechen...

Karla ging zurück ins Zimmer und zündete sich eine neue Zigarette an. Dann piepte es wieder laut und flatterte kurz auf. Raus hier, aber wohin, wenn jemand helfen könnte, sie wischte mit dem Arm das Berne-Buch vom Tisch. Die ›Spiele der Erwachsenen‹ lagen auf dem Boden. Der Vogel schrie. Karla ging zum Plattenspieler und legte Charlie Parker auf und drehte den Regler auf volle Lautstärke. Sie nahm den Zeichenblock und die Aquarellfarben und schloß die Augen. Dann versuchte sie, den Bebop zu malen. Schlagzeug und Baß rasten wild im blauen Hintergrund übers Papier, die Stakkato-Kommas des Klaviers wirr über der ganzen Fläche und drüber die gelben Strahlen, Blitze, Kreise und Spiralen des Saxophons.

In der Pause zwischen zwei Liedern schrie der Vogel, und Karla hielt sich die Ohren zu mit linker Hand und rechter Schulter und tauchte den Pinsel ins Schwarze und malte einen riesigen schwarzen Kreis links oben ins Bild, umgeben von wilden flatternden roten Zacken und neben jedes der orangenen Kommas einen schwarzen Schatten. Dann sprang sie auf und schaltete den Plattenspieler aus und brüllte in den Ofen: Hör auf! Flieg weg oder stirb, aber hör auf zu schreien. In die Stille hinein legte sie mit lautem Klack den Hebel um, der den Ofen in Gang setzte, und stellte ihn auf Höchstleistung. Der Draht knackte und schnalzte, und das Gas strömte mit hohlem pfeifendem Hauchen aus.

Dann begannen die Schreie wieder, der Vogel piepte in kurzen Abständen und schlug mit den Flügeln. Karla kniete vor dem Ofen und starrte ins Drahtgeflecht. Na, Karl, was träumst du, aus dir wird nie ein richtiger Mann, sagte ihr Vater, und sie begann zu weinen. Als er

später in die Schweiz ging, nannte sie ihn am Telefon nur noch Kaloor. Hallo, Kaloor, ich bin gut am Arbeiten. Ach, du malst schon wieder, und wenn sie zu Besuch kam, musterte er sie: du Butterhexe.
Vor dem Ofen wurde es wärmer. Der Vogel stieß spitze Schreie aus, sein Flügelschlag war raschelnd, dann die Töne immer schneller im Stakkato.
Klaus, der Saxophonist, schloß sie ein und starrte sie irr an: Du schnappst dir keinen andern, wenn ich fort bin. Da heiratete sie ihn mit neunzehn, und mit zwanzig sprang sie aus dem Fenster, weil er sie noch immer einschloß, und lief zum Anwalt, der verständig nickte. Es war heiß dicht vor dem Draht, und im Ofen bewegte sich der Vogel wie verrückt. Verreck endlich, schrie Karla, und im ›Igel‹, wo sie die Nächte verbrachte, niemand, der mit ihr ins Bett wollte, der Bongo-Neger, den sie mit nach Hause nahm, erzählte ihr nach vier Gläsern, als sie sich auszog, er sei schwul, und schlief im Flur, während sie mit den Händen unter der Bettdecke an die blaugestrichene Wand starrte. Ich will, daß jetzt jemand da ist, ich will jemanden in mir haben, der soll meine Haut berühren, der soll mein Haar streicheln. Da schrie der Vogel und fegte im Rohr umher, und der Gestank drang beißend aus dem Ofen, und es knisterte, Bebop, Charlie Parker, bunte Loopings, sie saß nur immer mit offenem Mund davor und drehte die Lautstärke auf. Aus dem Ofen noch ein schwaches Zirpen, fast melodisch.
Manfred, seine Aluskulpturen, er kann so viel mehr als ich. War auch bei François in der Therapie. Im ›Igel‹: Ein Kuß, dann zog er sich zurück. Er sagte nichts. In seiner Wohnung: Ich will mit dir ins Bett. Bleib ruhig,

sagte er. Bitte keine Zärtlichkeiten, mir ist jetzt nicht danach. Im ›Igel‹: Er lächelte ihr wieder zu. Ich will dich, ich liebe dich. Sein verschlossenes Gesicht. Da nahm sie die Zigarette und brannte sich ein Loch in den Arm und sah ihn schweigend an, mit tränenverschleierten Augen, die Zähne zusammengebissen. Du ekelst mich, sagte er.

Im Zimmer war es heiß. Karla schwitzte. Der Gestank brannte in der Nase. Im Ofen rührte sich nichts mehr. Sie ließ die Flamme brennen und ging zum Fenster und öffnete es. Der schwarze beizende Rauch aus dem Rohr wurde heller. Karla stützte die Hände auf die Fensterbank und stöhnte leise, wie ein kleines Kind, das Zahnschmerzen hat und dem die Mutter verbietet zu weinen. Der Himmel war blau und hoch, und im Osten standen weißgraue Wolken. Fünfzehn Meter unter ihrem Fenster der asphaltierte Innenhof. Dort stand eine eingetopfte dünne Birke, blätterlos, kaum fünf Meter hoch. Daneben eine Bank, auf der niemand saß. Karla blickte hinunter auf den Asphalt.

Apfelernte mit dem Teufel

Der Mann am Tisch gegenüber: kleiner als er selbst, mit den blauen Augen eines Schützen und der Figur und Haltung eines Soldaten. Kerzengerade auf seinem Stuhl, schmierte sich ein Brötchen und griff dann mit schneller Bewegung zum Butterfaß und reichte es einer der alten Frauen. Es störte Werner Weinhold, daß er deren Bitte nicht bemerkt hatte. Der Mann war nicht aufgestanden dabei, präzis fuhr der ausgestreckte Arm über den Tisch, und er lächelte die Alte an. Ich kenne keine Soldaten, dachte Werner, aber das ist einer. Was hat er hier im Kloster zu suchen? Urlaub von seiner Truppe? Da blickte der Mann zurück, und sie musterten einander. Dann sah er weg. Eins zu eins, dachte Werner Weinhold.

Draußen lag der Oktobermorgen, sonnig, und das kalte Herbstlicht zeichnete scharfe Konturen, aber wärmte den Boden nicht mehr.

Am Nachmittag zuvor: Mit Pater Matthias durch den Buchenwald. Ihm die Geschichte erzählt. Der Waldboden von dunkler Erde und hart, und Werner sah seinem Atem zu beim Sprechen, und der Pater hielt die Hände unter den Ärmeln seiner schwarzen Kutte verborgen und die Lippen fest geschlossen. Der Wald begann hinter dem Kloster, und sie mußten zuerst am Friedhof

vorbei, auf dem noch niemand lag. Pater Matthias war kurz stehengeblieben: Heimweh. Später am Waldrand, entlang der Flanke des Hügels mit den Apfelbäumen. Weizenfelder hinunter bis zum Fluß, die die Mönche früher selbst bewirtschaftet hatten. Heute waren sie an Bauern verpachtet. Vorbei am Teufelsteich und am Silberteich. Aber der schönste Teich lag weiter im Wald, im Sumpf, in einem Schilfdickicht, und kaum einer kam je dort vorbei. Heim, der Ort, wo man niemandem Schmerzen zufügt. Dieser Teich hatte keinen Namen.
Was tun jetzt, nach dem Frühstück? Er konnte nicht schon wieder mit Pater Matthias sprechen. Die Geschichte war auch erzählt. Kleine Schweinerei, deren Darstellung nur einen Nachmittag in Anspruch nahm. Er sah sich um. Der Soldat war fort. Nach Hause fahren? Nicht jetzt, wo er begann, mit den Wellen der Klosterruhe zu schwimmen. Morgenhore, Mittagshore, Komplet in der runden blaudämmrigen Kapelle mit dem Wachsgeruch im Vorraum von der großen Kerze in der Hand der geschnitzten Madonna. Und die buntstiftbemalten Bogen an der Pin-Wand: ›Worum wir dich bitten.‹
Um Gehör. Gehör eines Fremden, der verpflichtet ist zuzuhören. Keine Buße, keine Ave Marias, kein katholischer Schmus, sondern die zusammengepreßten Lippen. Immer mords was, in einem Menschen Gefühl hervorzurufen. Gehör und Schlaf. So leicht läßt sich schlafen, wenn man etwas Schlechtes getan. Nur nicht denken, oder vielleicht gerade. Gut, wenn ein Fremder, dem man glauben kann, sagt, man habe etwas Schlechtes getan. Danach nur noch Schlaf nötig, und in seinem Alter schläft man prächtig.

Er stand auf und ging hinaus auf die Straße. Bruder Johannes fuhr auf einem Traktor vorbei und fragte ihn, ob er beim Apfelernten mithelfen wolle. Werner sprang auf den Anhänger. In der Scheune am Rand des Hügels zog er einen grünen Overall und Gummistiefel an. Dann saßen sie wieder auf und fuhren den Feldweg hinauf zu den Bäumen. In einem der Bäume stand jemand auf einer Leiter und grüßte herüber. Bruder Johannes ließ den Anhänger am Zaun stehen und fuhr ab.
Werner schulterte eine Leiter und nahm einen Eimer und ging zu einem Baum. Dann erkannte er den Mann in dem andern Baum. Es war der Soldat.
Guten Morgen, rief der Soldat herüber. Sie wollen auch helfen? Ein herrlicher Tag, was?
Ja, sagte Werner. Bei dem Wetter muß man raus und was tun. Er stellte die Leiter an den Baum und kletterte hinauf. Die Wiese unter ihm war morastig von der Sonne mit den tiefen braunen Spuren des Traktors. Werner pflückte Äpfel und legte sie in den Eimer.
Dann rief er hinüber: Was machen Sie hier? Bleiben Sie länger?
Bin hier, um ein wenig auszuspannen, antwortete der andere. Komme öfter her. Ist sehr schön hier. Und was führt einen so jungen Menschen wie Sie hierher?
Hier kommen doch viele junge Leute her.
Ach, Sie sind auch mit der Jugendgruppe hier?
Nein, nein, antwortete Werner. Ich bin hier nur so. Ich bin noch nicht mal katholisch.
Dann pflückten sie weiter und stiegen von den Bäumen, um die Eimer in den hölzernen Anhänger zu leeren, und die Äpfel, grün und rot, kollerten auf das Holz.
Was machen Sie beruflich, wenn ich fragen darf? sagte

Werner. Heute morgen beim Frühstück dachte ich, ehrlich gesagt, Sie seien Soldat.
Der Mann, klein, drahtig, mit schütterem Haar und abstehenden buschigen Brauen, lächelte Werner an, und seine blauen Augen richteten sich auf ihn.
Gar nicht falsch. War ich auch. Bin pensioniert.
Waren Sie Offizier in der Bundeswehr?
Ja, doch. Man läßt uns ja recht früh gehen. Und Sie, was machen Sie? Noch zur Schule?
Werner runzelte die Stirn. Nein, ich studiere Jura.
Interessant. Ich habe Physik und Philosophie studiert seinerzeit. Aber nur kurz. Nicht zu Ende.
Das ist interessant, sagte Werner. Wieso nicht zu Ende?
Der Krieg. Ich war auf einer Jesuitenschule und begann zu studieren. Dann kam der Krieg.
Und wo sind Sie hingekommen?
Zuerst nirgendwo. Habe quasi sogar weiterstudiert. Ich weiß nicht. Kennen Sie die jesuitische Ausbildung?
Werner schüttelte den Kopf.
Viel Ähnlichkeit mit der SS. Schien mir damals. Aufbau, Gliederung, Disziplin. Ziele vielleicht...
Werner nickte.
Na ja, sagte der Mann. Wollen wir weitermachen?
Gerne. Ich heiße übrigens Weinhold.
Angenehm, sagte der Mann und lächelte wieder, Kühn.
Sie gaben einander die Hand und gingen zurück und stellten die Leitern an neue Bäume, ein wenig weiter auseinander. Werner überlegte. Ein SS-Mann. Ein Verbrecher... ehemaliger Verbrecher. Er sah hinüber zu dem anderen Baum.
Kühn hatte gerade einen Apfel abgerissen und winkte ihm damit. Werner pflückte sich auch einen, und Kühn

prostete ihm vom andern Baum her zu. Dann aßen sie die Äpfel.
Am Karren trafen sie einander wieder.
Was haben Sie damals so alles erlebt? fragte Werner.
Kühn sah ihn an.
Ich finde es immer interessant, etwas von damals zu hören.
Kühn lächelte. Was habe ich erlebt. Bin kein großer Erzähler. Auch ziemlich schwer, das nachzuvollziehn. Wir waren im Osten, in Polen. Schon nach Stalingrad. Was wir da erlebt haben... Waren mal hier, mal dort. Ziemlich rumgekommen.
Und gekämpft?
Die Front war damals noch viel weiter im Osten. Gekämpft nicht. Viel später erst. Hatten anderes zu tun. Mächtig ernst genommen. Sehen Sie, wir waren die Elite – er lächelte schief –, konnten uns viele natürlich nicht ausstehen, verständlicherweise. Sein Sie froh, daß Sie nicht mit dabei waren. Waren Sie bei der Bundeswehr?
Werner schüttelte den Kopf. Und was, genau, war Ihr Aufgabengebiet?
Kühn biß in einen Apfel und sah zu Boden. Dummheiten, viele riesengroße Dummheiten. Kaum wiedergutzumachen. Wir waren im Recht, nicht wahr. Da denkt dann manch einer, sein gutes Recht, das muß er durchsetzen. Oder seine Pflicht. Brachten wir denn schließlich Menschen um? Große Sache, das Recht. Haben Sie schon mal Dummheiten gemacht, weil Sie sich im Recht fühlten?
Werner schluckte. Dann lachte er kurz. Mache nie Dummheiten.
Kühn lächelte. Genau, ganz genau. Ach Gott, Reden...

Die Sonne stieg höher. Im Baum über der schweren braunen Erde, mit dem sauren saftigen Geschmack eines Apfels im Mund, in der kühlen Herbstwärme und dem rötlichen Wald im Wind, das war plötzlich sehr fremd, und Werner wollte zurück nach Hause unter Leute.
Die Glocken schlugen, und Kühn stand unter der Leiter und sagte: Die Glocken für die Mittagshore. Wollen wir rübermarschieren?
Werner nickte und stieg die Leiter hinab. Sind Sie eigentlich gut davongekommen?
Frühjahr 45 hab ich mich freiwillig gemeldet, das Führerhauptquartier in Berlin zu verteidigen. Als alles zu Ende war, der Russe schon im gleichen Haus saß, haben wir dann versucht, auszubrechen. Zum Glück kannte ich Berlin gut. Hab mich bis nach Holstein zu den Engländern durchgeschlagen. Man kommt raus, aber was hat man davon?
Na, ich bitte Sie, das liegt doch auf der Hand. Man ist draußen, sagte Werner.
So, so. Na, lassen wir's. Wissen Sie, was es heute zu Mittag gibt? Ich hab am Küchenfenster gerochen.
Nach dem Mittagessen gingen Werner und Kühn wieder die Allee hinunter.
Wenn es Ihnen nichts ausmacht, müssen Sie mir die Fluchtgeschichte irgendwann noch mal ausführlicher erzählen. Fluchtgeschichten sind faszinierend, zumindest hinterher, denke ich mir.
Ja, sagte Kühn. Man könnte ein Buch darüber schreiben. Aber kein sehr schönes. Ich für meine Person lese heute lieber.
Sie können sich's auch leisten.

Ja, lesen tut gut. Ich lese sehr viel hier in der Klosterbibliothek. Waren Sie mal drin?
Werner schüttelte den Kopf.
Ja, lesen, sagte Kühn. Viel lesen. Man lernt eine Menge und tut niemandem weh. Sie haben da Interessantes. Lese gerade Augustinus. Kennen Sie?
Werner schüttelte den Kopf.
Augustinus, Franziskus. Loyola les ich nicht mehr. Aber auch Physik. Heisenberg, kaum zu glauben. Kennen Sie sich damit aus?
Nein, sagte Werner.
Sie waren die Allee weitergegangen an dem Weg zur Scheune vorbei in den Wald und unten am Fluß entlang, der rasch floß und noch voller Fische war, und dann wieder in den Wald und dann auf dem Pfad aus gebündeltem Schilf über den Moorboden und durch eine Schneise im Schilfgürtel an den Teich, der dunkelgrün und völlig ruhig dalag, und schwach spiegelten sich das Schilf und die Bäume und der Himmel im Wasser nahe den Ufern. Sie setzten sich auf eine Bank. Werner rauchte.
Vor einiger Zeit saß ich hier mit einem Mädchen. Ich kenne das Kloster durch sie. Sie hat mich zu einem Samstagmittagausflug hergebeten und mir hier gesagt, daß sie schwanger von mir sei. Und in einem Atemzug, daß sie nicht abtreiben würde, aber daß ich mich um nichts zu kümmern brauchte, ihre Mutter würde es aufnehmen.
Und? fragte Kühn.
Ich hab Panik bekommen. Ich hab nichts gegen Kinder. Aber doch nicht jetzt. Zuerst hab ich mich noch beherrscht. Sie an das erinnert, was sie vorhatte, beim

Ehrgeiz gepackt, das ginge dann alles nicht mehr. Und ich, ich würde das nicht durchstehen, ein Kind, das ich nicht mal sehen kann. Aber zahlen, und woher sollte ich das Geld nehmen, ob sie überhaupt weiß, daß sie auch mein Leben in der Hand hat. Was mir alles eingefallen ist.

Er hatte leise gesprochen, die Augen und den Mund dem Boden zugewandt. Ab und zu blickte er auf und fragte: Oder was sagst du dazu? Und: Findest du nicht auch? Es sei nicht, wie sie vielleicht glaube, eine Prüfung, eine Aufgabe, die man bestehen müsse. Er meine vielmehr, es sei ein Warnschuß. Hinterher ein neuer Anfang und die Chance, noch einmal zu beginnen und sich in dem Wissen, dieser Neuanfang sei ein Geschenk, mehr anstrengen. Es sieht jetzt so aus, als seien wir beide dazu verpflichtet, aber wir sind es nicht. Wir haben nur – jeder für sich – die Verpflichtung, wenn das vorbei ist, tatsächlich ernst und konsequent unsere Ziele zu verfolgen. Zweimal macht man so etwas natürlich nicht. Oder was meinst du dazu?

Wir halten es doch keine zehn Minuten zusammen aus, sag ich ihr. Sie nur immer denselben Satz: Das würden wir auch nicht müssen. Ich bin halb verrückt geworden, ich hab sie angebrüllt: Ich kann dir auch in den Bauch treten, verflucht noch mal, und dann wollen wir sehen, was rauskommt!
Aber Sie haben...
Ich hab sie geschlagen, ich mußte ihr doch irgendwie klarmachen, um wieviel es geht. Das legt unser Leben schlimmer fest, als wenn ich mich auf zwölf Jahre zum

Bund verpflichte, sagte ich ihr. Man kann doch so was nicht allein entscheiden, hab ich denn nicht recht?
Kühn kniff die Lippen zusammen.
Dann hab ich mich wieder zusammengerissen und weiter auf sie eingeredet. Die ganze Nacht zu Hause, und wenn die Angst mit mir durchging, hab ich sie angebrüllt und geschüttelt und geohrfeigt, und ihr Kopf flog hin und her wie der einer Puppe. Und dann wieder gegen die Decke gestarrt und mit trockenem Mund versucht, Argumente zu finden...

Sie hatte sehr wenig gesprochen, und er begann in aller Konzentration, die er sich auferlegte, schließlich den Stachel des Erfolgs zu spüren. Als sie öfter sagte: Wenn ich abtreibe oder: Ich überleg es mir. Das Gefühl, seine Sache sehr gut zu machen. Sein Kopf war angespannt wie nie. Eine falsche Geste, und der Bann wäre gebrochen. Als hätte er vierundzwanzig Stunden ununterbrochen Mikado gespielt. Nie Dummheiten, dachte Werner. Nicht mit uns. Kaputtmachen war nicht so schwer. Hinterher. Aber kein Sinn, Gedanken.
Am Morgen konnte ich nicht mehr schlucken, und sie saß da und sagte keinen Ton mehr. Wir gehen jetzt zum Arzt, sagte ich ihr. Ganz leise und langsam, damit sie nicht aufwachte und alles von vorn losging...
Er hörte auf zu sprechen. Sie war danach sofort weg. Hatte es wirklich gewollt. Er auch, in jener Nacht. Nur in jener Nacht. Hörte und sah dann nichts mehr von ihr.
Kühn legte den Arm auf seinen und sah ihn fragend an.
Schreckliche Nacht. Beim Arzt kam dann raus, daß es vermutlich sowieso weg gemußt hätte. Hab aber keinen Sekt getrunken.

Kühn schloß die Augen und biß sich auf die Lippen. Er sah aus, als habe er schreckliche Kopfschmerzen. Werner hob seine Hand zur Wange des Mannes, die jetzt ganz faltig war, ließ sie dann jedoch sinken und drückte statt dessen kurz die Hand des andern. Dann rückte er ab, stand schnell auf und fragte: Wollen wir zurück?

Am nächsten Morgen saß Kühn nicht am Frühstückstisch. Pater Matthias kam herein, um einen guten Morgen zu wünschen. Werner fragte ihn, wo Kühn sei.
Ja, Herr Kühn ist seit gestern abend drüben im Exerzitienhaus, sagte Pater Matthias. Er bleibt eine ganze Woche dort und fastet und führt die Exerzitien durch. Er ist ganz allein in seiner Kammer. Er ist ja regelmäßig hier und immer auf dem Feld oder in der Bibliothek und jedesmal eine Woche im Exerzitienhaus. Es ist sehr wichtig für ihn. Aber ich kann ihm Grüße ausrichten, wenn du möchtest.
Werner winkte ab. Vielen Dank, nicht nötig, sagte er und lächelte zu Pater Matthias hoch.

Die Wolfszickin

Nach dem Abendessen saßen wir mit einer Flasche Whisky am Tisch. Wir sahen fern, bis das Programm beendet war. Wir hatten so lange gesessen, daß das Sitzen weh tat. Die Flasche war leer, und das Zimmer war rauchig. Ich begann, über die Frauen zu sprechen. Ich sagte, daß es die Frauen einfacher hätten als die Männer. Sie konnten einen so leicht fertigmachen. Sie brauchen nur einfach mit einem andern zu schlafen.
Ja?
Ja, das reicht. Sie brauchen nur einfach mit einem andern zu schlafen, wenn man ihnen weh getan hat.
Ich sagte, daß den Männern gar nichts übrigblieb. Wir konnten reden und reden und alles mögliche tun und versuchen. Wir konnten sie anbrüllen und schlagen und ihnen drohen. Wir konnten uns prächtig lächerlich machen. Oder aber wir schwiegen dazu. Das war das Schlimmste. Und sie drehten sich einfach um und wandten sich dem Nächstbesten zu. Es war so ungerecht. Und man konnte gar nichts daran tun. Ich sprach sehr ruhig und logisch und ohne Verbitterung. Ich sprach recht lange.
Als ich fertig war, fragte mein Bekannter: Glaubst du eigentlich, was du da erzählst?
Nein, sagte ich, weiß Gott nicht.

Dieser Frau begegnete ich in einem Restaurant, das an jenem Abend eröffnet wurde. Es war ganz in Weiß gestrichen, und Palmen standen in den Ecken. Es war von acht bis zwölf so voll gewesen, daß man von seinem Platz nicht bis zur Theke durchkam. Die Leute standen dichtgedrängt mit den Sektgläsern in der Hand, vor der Brust. Ich kannte keinen Menschen, ich hatte die Einladung von einem Bekannten geschenkt bekommen, der nicht hin wollte. Sie schienen sich alle zu kennen, und ich hatte noch mit niemandem ein Wort gewechselt. Ich war zweimal bis zur Theke durchgekommen, um zu telefonieren. Ich rief in den Lärm um mich herum zwei Mädchen an, die ich kannte. Eine war nicht da, und die andere konnte nicht kommen. Gegen ein Uhr wurde es leer, und es gab keinen Sekt mehr. Ich ging nach vorn zur Theke, um noch etwas zu trinken zu bekommen. An der Theke stand eine Frau, die betrunken war. Wir begannen zu reden. Dann küßte ich sie. Es war komisch. Sie war mindestens fünfunddreißig. Dann sah sie mich an und sagte, sie sei neununddreißig. Später bei ihr in der Dunkelheit stöhnte sie laut und sagte ganz schnell: Sag, daß du mich liebst, sag's, bitte sag's, sag, daß du mich liebst. Auch wenn's nicht stimmt. Bitte sag's, sag's doch, bitte. Ich hatte vor, direkt danach zu gehen, aber dann legte ich meinen Kopf tief in ihre Arme und schloß die Augen.

Heute morgen ging die Arbeit ganz gut, ich machte zwei Skizzen, die etwas wurden. Ich saß auf der Bank unter dem Kastanienbaum und prüfte sie, und sie gefielen mir, und dann sah ich den Hund. Er war weiß, klein und sah wie ein Ferkel aus. Er hinkte hinten rechts. Er schnüffelte über den ganzen Platz im Dreck, und dann kam er auf mich zu. Er sah mich an, und ich blickte in seine Augen, und dann trat ich nach ihm, das heißt, ich ließ mein Bein vorschnappen, damit er verschwinden sollte. Er humpelte davon, und dann kam es in mir hoch wie das Kotzen, und ich saß auf der Bank und heulte, ohne daß ich aufhören konnte. Glücklicherweise blieb niemand stehen und fragte etwas Dummes.

Hamburger

Aus dem Küchenfenster sieht Wilhelm Sdeert hinunter in den Innenhof. An der Teppichstange stehen zwei bunt vermummte Türkinnen und schwatzen. Sie wohnen unter ihm. Vor ihrem Küchenfenster flattert an dem rostigen Wäschegestell gelbliche und bunte Unterwäsche. Sdeert trinkt am Fenster seinen schwarzen Morgenkaffee und raucht. Seine Lunge brennt, aber das macht wacher als Wasser. Er hat einen schlechten Geschmack im Mund, sammelt Spucke und läßt sie aus dem Fenster tropfen. Der fallende Faden trifft auf eines der Unterhemden. Sdeert zuckt die Schultern.
Im Wohnzimmer die verschlissene Plüschcouch mit Sesseln und Tisch, auf dem eine angebrochene Schnapsflasche steht, der Farbfernseher, die Bilder an den Wänden, auch das Buffet mit den Tellern hinter Glas, das ist alles noch von der Frau. Sdeert hat sich nicht entschließen können, es auf den Müll zu werfen. Der Gummibaum hat vierzehn neue Blätter bekommen, seit sie fort ist. Fünf davon sind abgestorben, weil er mit der Zigarette Löcher hineingebrannt hat. Die ersten fünf. Danach hat er keine Löcher mehr eingebrannt und gedacht, der Baum würde absterben. Aber er wuchs weiter. Da hat er ihn wachsen lassen. Er schnippt nur noch Asche auf die Erde im Topf, wenn er bei Regen am ge-

schlossenen Fenster steht. Aber das scheint dem Baum gutzutun.
Auf dem Buffet steht das gerahmte Hochzeitsfoto, 1957. Da hatte ihm Prang, wo er arbeitete, eine Flasche Korn spendiert, die er in der Hochzeitsnacht austrank.
Neben dem Buffet ist ein Alubord aufgestellt, dort bewahrt Sdeert die Versicherungsakten auf. Er ist Vertreter einer Versicherungsgesellschaft, die nur in Norddeutschland arbeitet. Sdeert klappert in Altona, Bahrenfeld, Barmbek und Wandsbek die Türen ab. Er ist, soviel er weiß, der einzige Vertreter dieser Versicherung in Hamburg. Aber es kommt trotzdem nichts dabei heraus.
Auf dem Bord ein Foto, auf dem er schmal und schäbig aussieht, von 1961. Seine Frau hat es geknipst, als sie ihn herausließen, er steht vor dem Eisentor mit seinem Pappköfferchen. Dafür hat er sie geohrfeigt. Aber das Foto existiert immer noch. Es käme Sdeert wie Selbstbetrug vor, würde er es in den Müll stecken.
Er hat seinen Kaffee ausgetrunken und den Satz auch aus dem Fenster gekippt. Er kippt viel aus dem Fenster, es wohnen ohnehin fast nur Ausländer im Haus. In Wirklichkeit hat er es von ihnen abgeschaut.
Unten vom Spritzenplatz kommt Lärm durchs offene Wohnzimmerfenster herein. Punks hocken wie schwarzes Ungeziefer auf dem Pflaster und haben einen Recorder auf volle Lautstärke gestellt. Einige tanzen zu der Musik. Sie ziehen die Beine an den Bauch und klappen die Oberkörper ab wie Schnappmesser. Vom Haus gegenüber brüllt eine Frau hinunter: Ihr gehört alle eingesperrt. Ein Türke blickt nach oben. Die Frau starrt ihn an, sie trägt Lockenwickler. Eines der schwarzen Kin-

der streckt ihr den Mittelfinger entgegen. Sie verschwindet abrupt aus dem Fenster. Sdeert kneift ein Auge zu und zielt mit dem Zeigefinger auf die Köpfe. Eine Glocke schlägt. Sdeert sieht auf seine Uhr, zehn, er muß los.

Auf der Treppe begegnet er den Türkinnen. Ihr habt Kehrwoche, kapiert, saubermachen. Er ahmt die Gesten des Feudelns nach. Die Frauen behaupten, er sei an der Reihe. Sdeert wird wütend. Sie begleiten ihn die Stufen hinab zu dem Anschlag neben den Briefkästen, er achtet darauf, daß sie nicht neben ihm gehen. Sdeert hat Kehrwoche. Der Wisch gilt nichts mehr, brüllt er, stutzt dann, warum rede ich eigentlich mit euch. Die Frauen siezen ihn, während er sie abkanzelt.

Es kracht an der Eingangstür, das gelbe geriffelte Glas klirrt. Sdeert öffnet. An der Hauswand lehnt ein Punk, vor ihm ein Polizist, der gerade wieder zum Schlag mit dem Knüppel ausholt. Sein Gesicht ist selbstgerecht und dienstlich, der Punk blutet aus der Nase. Er ist höchstens sechzehn, und sein Gesicht ist sehr klein, sehr weiß, und das Blut aus der Nase läuft rot daran herunter. Er ist dünn, ganz schlottrig in seinem schwarzen Leder und dem schwarzen zerzausten Haar über dem spitzen Gesicht. Seine Augen sind groß; er steht an die Mauer gepreßt und erwartet den Schlag.

Wann bringen Sie die Kerle endlich mal ins Arbeitslager? fragt Sdeert den Polizisten. Der zischt, in seiner Konzentration gestört, aus dem Mundwinkel: Darf man ja nicht. Diesen Moment nützt der Junge. Er hetzt davon, grotesk fliegen Arme und Beine, er verschwindet um die nächste Mauer.

Die restlichen Punks haben die andern Polizisten zerstreut, die jetzt zu dritt auf dem leeren Platz stehen. Einer hat den Recorder beschlagnahmt, er hält ihn im Arm und lauscht der Musik. Seine andere Hand umfaßt noch den Schlagstock.

Vom gegenüberliegenden Haus kreischt die Frau mit den Lockenwicklern: Warum verhaften Sie die Bande nicht, die klauen und belästigen anständige Leute. Der Polizist bei Sdeert winkt müde ab.

Die Ausländer und diese Kerle, sagt Sdeert mehr zu sich selbst, hier hält es doch kein Schwein mehr aus. Er geht, Richtung Bahnhof.

Der Polizist zuckt die Achseln. Dann hält er einen jungen Mann an, Inder oder Pakistani, und verlangt seine Papiere. Sdeert hat den alltäglichen Zwischenfall schon vergessen, in seiner Aktentasche befinden sich die Formulare der Versicherung und dreihundert Mark, die er am Vortag abgehoben hat.

Sdeert wartet in der Schlange in dem alten Pavillon am Mönckebergbrunnen. Der graue Stein und der erleuchtete Kunststoff in den Farben der Restaurantkette, die Kombination mißfällt ihm, ohne daß er wüßte, warum. Draußen drängt ein Demonstrationszug die Mönckebergstraße entlang, und es sind alles junge Leute, Kinder, die sich hier mit Proviant für den Umzug versorgen. Von draußen tönt der Lärm der Parolen und Autohupen. Viele der Anstehenden haben sich die Gesichter geschminkt, schwarz-weiß wie zur Fastnacht. Sdeert ißt einen Hamburger mit Pommes frites und trinkt Bier. Danach raucht er draußen und betrachtet die Demonstration. Es sind alles junge Leute in Parkas mit schwarzweißen Tüchern um die Schultern. Polizisten in weißen Ölmänteln regeln den Verkehr. Auf den Transpa-

renten steht: Weg mit Sepl und Strupl. Sdeert überlegt, ob er Politiker dieses Namens kennt, läßt es dann, es kann ihm schließlich gleich sein. Skandierte Parolen treiben über den Zug und verebben. Zwischen den Kindergesichtern Vollbärte, Halbglatzen in der gleichen Kleidung. Deren Lehrer, denkt Sdeert, kein Wunder.
Neben ihm an der Mauer das Schild: Burger King. King heißt König. Bürger König. Das Wort gefällt ihm. Es ist, wie wenn man aufwacht und geträumt hat und sich nicht erinnert. Man sieht nur noch die Tür und weiß nicht mehr, was dahinter war, obwohl sie eben noch offenstand.
Aus dem Parkhaus der Landesbank kommt ein schwarzer Mercedes. Die getönte Seitenscheibe gleitet herab, jemand spricht mit dem hinabgebeugten Polizisten. Dann wird der Demonstrationszug unterbrochen, so daß die Limousine hindurchfahren kann, die Demonstranten schreien und fuchteln wirkungslos mit den Armen. Sdeert nickt.
Eine Gruppe aus dem Zug schwärmt auf den Platz, einer, ein Punk, schwenkt eine schwarze Fahne. Jemand ruft Anarchie, die Polizisten beobachten. Dann klettert der Junge mit der Fahne die Aluminiumskulptur hoch, die vor dem Eingang zur Landesbankgalerie aufgebaut ist. Oben steckt er die Fahne fest, sie weht im Herbstwind. Der Junge winkt mit ausgebreiteten Armen herab, seine Freunde johlen, Schaulustige sammeln sich. Zwei Männer in Anzügen gehen vorbei. Der eine kaut eine Stulle aus dem Butterbrotpapier. Im Vorübergehen blickt er hoch. Hoffentlich fällt er runter, sagt er zu seinem Kollegen und beißt vom Brot ab.
Ein Polizist nimmt in einiger Entfernung Stellung und

spricht durchs Megaphon, dabei kann man alles verstehen, was der Junge von oben ruft. Kommen Sie sofort – ich wiederhole: sofort – herunter! Entfernen Sie die Fahne und steigen Sie ab!
Die Zuschauer werden immer zahlreicher. Als der Junge einen Zettel aus der Tasche zieht, um ein Manifest zu verlesen, gehen viele.
Sdeert drängt sich zur Skulptur durch. Er stellt seine Tasche unten ab und klettert hoch. Die Jugendlichen johlen, einige klatschen Beifall, dann wird es still. Der Polizist kommt heran, das Megaphon in der Hand. Sdeert ist oben und schaut dem Jungen ins Gesicht, der ihn anlächelt. Los runter, du Saukerl, sagt Sdeert. Der Junge tippt sich an die Stirn. Sdeert packt ihn am Kragen, die Jugendlichen buhen ihn aus. Von den andern lachen einige, manche schütteln die Köpfe. Von unten sieht das Handgemenge gefährlich aus. Schließlich steigt der Junge ab, bleich im Gesicht, das Buhen wird immer lauter. Andere Polizisten erscheinen. Sdeert klettert hinab, nachdem er die Fahne gesichert hat. Zwei Meter über dem Boden verliert der Junge das Gleichgewicht und fällt. Seine Freunde schreien auf. Er hat sich jedoch nicht verletzt und rappelt sich wieder hoch. Die Polizisten lassen sich den Ausweis des Fahnenschwenkers zeigen und vertreiben die Jugendlichen.
Sdeert ist unten und überreicht dem Polizisten die Fahne. Was fällt Ihnen denn ein? sagt der. Überlassen Sie unsere Arbeit gefälligst uns. Oder wollten Sie sich vor den jungen Mädchen aufspielen? Der Kerl hätte ja von da oben runterfallen können!
Einige Umstehende lachen über Sdeerts Gesichtsausdruck. Sdeert wendet sich wortlos ab, nimmt seine Ta-

sche und verschwindet die Straße hinunter. Auf halbem Weg zum Rathaus spricht ihn ein Penner an. Der trägt einen dicken verschmutzten Pullover, sein Gesicht ist rot, von blauen Äderchen durchzogen, neben der Nase eine verschorfte Wunde.
Hast du drei Mark für Zigaretten für mich? Die Iris zittert auf ihrem gelben blutunterlaufenen Grund, irgendwo weint ein Kind. Er hält seine Hand mit der Fläche nach oben vor Sdeert, der Adamsapfel mit den weißen Stoppeln auf den Hautlappen kugelt auf und ab. Für einen Moment denkt Sdeert, warum nicht die ganzen dreihundert Mark und ihn mit nach Hause, das dauert kaum eine Sekunde. Dann drängt er ihn mit der Schulter zur Seite und geht weiter.
Im Eingang der Bootsausstellung studiert Sdeert den Lageplan. Ihn interessiert nur die Halle mit den großen Seglern. Die Abteilung mit den Jollen und den kleinen Kajütbooten durchquert er schnell, da stehen Familienväter und Camper und betrachten aus ehrfürchtiger Entfernung die Preisschilder. Zwischen den Hallen ist auf dem Asphalt ein Schärenkreuzer aufgebockt, aus braunem Mahagoni mit roter feiner Wasserlinienmarkierung. Sdeert bleibt lange bei dem schnittigen Schiff stehen. Ostsee, leichter Wind, er steht an der Pinne, hinaus durch die Kieler Bucht, Laboe rechts liegenlassen, in den Morgendunst, die Küstenlinie verschwimmt blaugrau, salzige Wassertropfen im Gesicht, aufgewirbelt vom zischenden Gleiten, nicht zurückschauen, nie mehr zurückschauen, der Tag kommt strahlend und klar hoch, weit ab in backbord ein weißer Punkt, ein Frachter, der Wind brist, die Sonnenstrahlen brechen sich auf den Spitzen der Wellen, drei Möwen umkreisen

sichelnd die Mastspitze, dann rundum blicken, kein Ufer mehr zu sehen und immer weiter und weiter fort...
Zwei junge Männer klettern an Bord des Schärenkreuzers. Einer steht im Cockpit, und der Wind, der zugig zwischen den Hallen hindurchpfeift, wirbelt sein Haar durcheinander. Der Junge hat die Hände in den Taschen seiner Flanellhose und blickt zum Bug. Sdeert geht weiter.
Die Halle ist mit Nadelfilz ausgelegt, den großen Yachten ist der Hauptmast kupiert. Die Kajüten der bauchigen stählernen Motorsegler sind größer als seine Wohnung, die Halle kommt Sdeert wie ein Kirchenschiff vor. Zwischen den hohen glänzenden Bootskörpern klingen Stimmen anders. Vor jedem Ausstellungsstand eine lederne Sitzgruppe und Aluminiumkelche für die Zigarettenasche. Die Camper hasten betreten vorüber, sie haben nichts zu suchen hier. Keine Ausländer, nur die rotgesichtigen, pfeifenrauchenden Engländer und die breitknochigen kornblonden Skandinavier in großer Gelassenheit neben ihren aufgebockten Juwelen. Sdeert schnürt es die Kehle zu wie in einer katholischen Kirche, er trinkt Bier und ißt eine Currywurst an einer Bude. Kommen die lärmenden Jolleninteressenten vorbei, verzieht sich sein Gesicht.
Die Attraktion eines englischen Ausstellers ist eine hölzerne gaffelgetakelte Slup. Den Aufgang zum Bord verwehrt ein dickes grünes Tau, neben dem ein Angestellter wacht. Auf der Sitzgruppe sprechen Leute mit dem Manager. Sdeert streicht mit den Fingerspitzen über den Rumpf des Bootes. Er spricht den Mann am Aufgang an. Kann man das Prachtschiff mal ansehen? Der mustert ihn. Interessieren Sie sich dafür?

Sdeert druckst. Na ja, interessieren, natürlich, oder meinen Sie, ob ich es kaufen will? Er lächelt schief.
Das meine ich gewiß nicht, sagt der Mann.
Es gefällt mir, ich möchte gerne einmal, er räuspert sich und spricht schnell: Ich möcht' gern mal drauf stehn...
Der Mann betrachtet ihn abschätzig von Kopf bis Fuß.
Bedaure, aber es sind gerade einige Herrschaften an Bord, die mit dem Gedanken spielen, das Schiff zu kaufen, und die möchten, wie Sie vielleicht verstehen werden...
Sdeert schluckt: Ach so, ja, natürlich... und wendet sich von dem Mann ab, als habe er ihn nach der Uhrzeit gefragt. Vor lauter Verwirrung findet er nicht zurück auf den filzbelegten Gang, sondern schleicht gebeugt unter dem Rumpf des Bootes, der rotbraun glänzt, auf die andere Seite und übersteigt dort die Absperrungskordel. Mit rotem Kopf betrachtet er das Heck, irgendwo lacht jemand, und er fährt mit aufgerissenen Augen herum. Wieder an der Wurstbude, bestellt er noch ein Bier und raucht.
Drüben an dem englischen Stand nehmen ein Mann seines Alters und ein junges Mädchen Platz, zusammen mit dem Manager. Der Herr stopft sich die Pfeife, die Kleine hat die Beine übereinandergeschlagen und blickt in der Halle umher. Sie trägt ein moosgrünes Kleid, einfache goldene Ringe in den Ohren. Sdeert starrt hinüber: Nein, über dem Spann knittert nichts, sie hat so braune Beine. Seglertochter, denkt er, die verträgt Kälte. Schön ist sie. Könnte auch meine Tochter sein. Am Anfang wollte ich keine, später konnte sie angeblich keine mehr kriegen. Nein, meine Tochter nicht. Ihr Vater, Sdeert ist überzeugt, daß es ihr Vater ist, trägt einen

burgunderroten Pullover unterm Jackett und bietet dem Manager eine Zigarre an. Der bewegt sich hektisch, reicht Prospekte, beugt sich vor, deutet mit dem Finger auf alles mögliche, bis der Mann mit einer Handbewegung Einhalt gebietet. Er zieht eine schwarze halbe Lesebrille aus der Brusttasche und lehnt sich zurück. Der Manager beugt sich zu dem Mädchen und deutet aufs Schiff. Sie erheben sich. Der Angestellte hängt das Tau zur Seite, und das Mädchen klettert, gefolgt vom Manager, die steile Stiege zum Boot hinauf. Der grüne Stoff umschmiegt ihre Kniekehlen, und ihr Körper bewegt sich beim Steigen unterm Kleid.

Sdeert trinkt sein Bier in großen Schlucken. Der Mitarbeiter serviert dem grauhaarigen Herrn ein Getränk aus einer bauchigen Flasche auf einem Silbertablett. Der nickt nur kurz und liest weiter. Dann kommen die beiden vom Boot, der Herr steht auf, reicht dem Manager ein Kärtchen, das Mädchen hängt sich bei ihm ein, und sie schlendern weiter. Sdeert schlürft den restlichen Schaum aus dem Bierglas und wendet sich dem Ausgang zu.

Der Seemannsausstatter liegt nicht weit entfernt von der U-Bahn Baumwall, unter den Landungsbrücken. Sdeert geht geradewegs zur Tür hinein, ohne die Schaufenster zu betrachten. Einem jungen Mädchen winkt er ab. Hier im Parterre hängt alles, was der Hobbysegler haben muß. Sdeert greift aus einer Gondel einen grünen Allwetteroverall mit eingearbeiteter Kapuze. Den braucht man hier oben ständig, wenn's nicht gerade sehr heiß ist, und wann ist es das schon mal, sagt ein Verkäufer, der von hinten herangetreten ist. Vor allem wenn Sie in einer Jolle sitzen, holen Sie sich sonst den...

Wer sagt Ihnen, daß ich eine Jolle habe, antwortet Sdeert unwirsch. Der Verkäufer wird rot und gerät ins Stottern. Nein, ich suche etwas anderes. Haben Sie außer dem Gummizeug nicht noch andere Kleidung?
Wie bitte? fragt der Verkäufer verwirrt.
Kleidung, die man an Bord bei gesellschaftlichen Anlässen trägt. Oder empfangen Sie Ihre Gäste im Overall? Ich suche etwas Elegantes für den Abend, wenn ich Leute empfange.
Der Verkäufer betrachtet Sdeert mit offenem Mund. Er führt ihn ins erste Geschoß.
Ich suche etwas Elegantes, aber nicht protzig und in gedeckten Farben, sagt Sdeert. Der Verkäufer zeigt ihm die Anzüge.
Sdeert geht sie mit halbgeschlossenen Augen und wichtiger Miene durch. Was kostet dieser?
Der käme auf 630 Mark, sagt der Verkäufer.
Verdammt, rutscht es Sdeert heraus. Bißchen teuer, was?
Der Verkäufer grinst, zuckt harmlos mit den Schultern. Wir führen nur erstklassige Ware.
Schon gut, murmelt Sdeert. Schließlich entdeckt er einen marineblauen Blazer mit silbernen Knöpfen und eine weiße Flanellhose und verschwindet damit hinter dem Vorhang zur Anprobe.
Draußen tuschelt der Verkäufer mit einem Kollegen, der daraufhin stehenbleibt und wartet. Sdeert tritt in seinem Blazer aus der Kabine. Der zweite Verkäufer bekommt runde Augen.
Doch...der steht Ihnen gut, sagt der erste. Damit werden Sie...an Bord...genau die richtige Figur abgeben.
Sdeert sieht mißtrauisch zu dem andern hin.

Packen Sie's ein, sagt er kurz.
In seiner Box hatte er vor dem Spiegel gestanden, etwas breitbeinig, die Augen geschlossen, und der Luftzug des Ventilators über ihm fächelte seine Haare. Dann hatte er die Augen wieder aufgeschlagen und sich selbst gegrüßt, mit leicht erhobener Hand, kurz und lässig, wie von Yacht zu Yacht. Dann war er hinausgetreten.
Im Altonaer Bahnhof kleidet Sdeert sich auf der Toilette um und betritt in seinem neuen Blazer wieder die Halle. Seine alten Kleider gibt er in ein Schließfach. Dann zieht er sich eine Fahrkarte Erster Klasse nach Blankenese und gleitet die Rolltreppe hinab, die bräunliche Aktentasche klemmt unter seinem blauen Blazerärmel.
Die Bahn rattert über der Scheel-Plessen-Straße in Richtung Bahrenfeld. Weitab über den Gleiskörper sieht Sdeert rechts den weißen Rauch aus den Holsten-Schornsteinen. Bis hinter Bahrenfeld das Sdeert so vertraute Zementgrau und Backsteinrot, die Gummifabriken, die Aalräuchereien, die bunte Wäsche, die an Küchenbalkonen flattert, schwarzer Rauch, die Margarineunion, dann im Hintergrund der riesige Turm des Altonaer Krankenhauses. Sdeert sitzt alleine in dem Abteil Erster Klasse. In Bahrenfeld steigen zwei Leute zu, ein Junge mit langem Haar, ein Mädchen mit kurzem stoppeligem. Sie trägt eine Lederjacke, die mit Kreide bekritzelt ist, und leopardengefleckte Hosen, die selbst unten am Knöchel noch eng anliegen und die O-Form ihrer Kinderbeine betonen. Sie bleiben an der Tür stehen, grinsen kurz zu Sdeert hinüber und küssen sich dann. Nie und nimmer haben die Erster Klasse gelöst, denkt Sdeert.
Der Wagen überquert die betonierte Schlucht, in der die

Autobahn verläuft, und taucht ins Grün von Othmarschen ein. Sdeert starrt aus dem Fenster und saugt die Bilder ein. Die Gründerstilhäuser, die alten Eichen im Garten. Als der Zug in Othmarschen einfährt, küssen sich die beiden immer noch. Die Tür öffnet sich, und zwei Kontrolleure treten ein. Der eine führt einen deutschen Schäferhund an der Leine. Das Pärchen blickt auf und ist im nächsten Moment zur Tür hinaus. Der Kontrolleur schreit: Halt!, der Hund springt hoch, der Kontrolleur läßt ihn fahren, er rast aus dem Abteil. Sdeert preßt das Gesicht ans Fenster. Das Mädchen ist noch keine zehn Meter weit gekommen, da springt der Hund ab und kriegt sie an der Fessel zu fassen, und sie schlägt lang hin. Der Hund knurrt, es ist bis ins Abteil zu hören, und hat die Kiefer um den schmalen Knöchel des bäuchlings daliegenden Mädchens geschlossen. Ihr Freund ist in einiger Entfernung stehengeblieben, mit schlaff hängenden Armen. Der eine Kontrolleur geht gemessenen Schrittes auf sie zu. Dann schließt sich mit lautem blechernem Schlag, bei dem Sdeert noch immer zusammenzuckt, die Tür, und der Wagen gleitet langsam an der Szene vorbei. Sdeert kann noch einen Blick in das blasse Gesicht des Jungen werfen, dann nimmt die Bahn Geschwindigkeit auf, und der im Wagen verbliebene Kontrolleur verlangt Sdeerts Fahrausweis. Der nimmt ihn aus der Tasche und bemerkt dabei, daß der Schließfachschlüssel nicht mehr da ist. Seine Hand durchwühlt noch mechanisch die Tasche, da hängen seine Augen schon längst wieder am Blick aus dem Fenster.

Klein Flottbek ist eine verlassene moosige Dorfstation. Danach werden die Grundstücke größer, und der Himmel reißt auf, als käme man ans Meer, Sdeert sieht drei Möwen. Dann erblickt er ein großes weißes Segelschiff, das aufgebockt hinter Bäumen steht, er schließt die Augen. Er hält sie geschlossen, bis der Zug im Blankeneser Bahnhof einrollt, und es kommt ihm vor, als sei er nach langer Reise in einem Ort am Meer angelangt. Auf dem Bahnhofsplatz ist es frisch und weiß und hektisch, der Bus zum Falkenstein ist noch nicht da. Sdeert kauft sich bei Burger King in der ehemaligen Bahnhofswirtschaft eine Portion Pommes frites und ein Bier. Er betrachtet die roten Plastikbuchstaben: Bürgerkönig.

Mitten im Wald, wo der Hang zur Elbe hinunter ans Falkensteiner Ufer abfällt, beginnt er, die gebogene, leicht ansteigende, baumüberhangene Straße hinaufzumarschieren, in der, wie er einmal gehört hat, Hamburgs wohlhabendste Bürger leben. Die Versicherungsunterlagen sind alle in der Tasche, das hat er eben im Bus schon nachgeprüft.

An der Pforte eines der ersten Grundstücke klingelt er. Eine Auffahrt führt zwischen Buchen und Trauerweiden zu einem Haus, von dem man nur das Dach sieht, weil es auf der anderen Hügelseite am Hang steht. Oben auf der Kuppe fährt ein Mädchen Fahrrad. Sie erblickt ihn, verschwindet, und er hört ihre Stimme: Mutti, geh mal zum Tor, ich glaub', der Fasching ist ausgebrochen...

Sdeert hat wenig Zeit, sich zu ärgern. Eine Frau im Hosenanzug erscheint und bleibt zehn Meter hinter dem Zaun stehen, sie zieht fragend die Augenbrauen hoch. Die Distanz ist so groß, daß Sdeert die Stimme heben muß. Da merkt er, daß er gar nicht weiß, was er in dieser Situation der Frau sagen, zurufen soll. Er dachte eigent-

lich... Gnädige Frau, ich komme von der XY-Versicherung, und...
Die Frau schüttelt den Kopf, sagt: Besten Dank und macht auf dem Absatz kehrt. Sdeert blickt sich um, ob jemand die Szene beobachtet hat. Niemand ist zu sehen. Grübelnd setzt der Vertreter seinen Aufstieg fort.
Ein Stück weiter beginnt ein Grundstück, von dem nur der hohe Zaun und der Wald dahinter zu sehen sind. Sdeert geht einige Minuten den Zaun entlang, bis er an eine Einfahrt gelangt. Es ist eine riesige Einfahrt mit zwei übermannshohen Mauern, es gibt kein Namensschild. In den einen Pfosten ist oberhalb der Klingel ein Kameraauge eingearbeitet. Sdeert überlegt, ob das tatsächlich das richtige für ihn ist, am Tor hängt ein Schild mit der Aufschrift ›Achtung, scharfer Hund‹, es ist nur angelehnt, nicht verschlossen. Er hört von fern Hundegebell, glaubt auch menschliche Stimmen zu vernehmen; die dringen aus diesem Anwesen, davon ist er überzeugt. Wenn er aber klingelt, wird ihn jemand durch das Kameraauge betrachten, das nur sein Gesicht sieht, eine Stimme wird durch die Sprechanlage nach seinem Anliegen fragen und ihn abweisen. Er muß direkt mit ihnen zusammentreffen, im Haus, auf der Terrasse, dann wird seine Erscheinung schon ihre Wirkung tun. Das Tor ist angelehnt, kann er es sich erlauben, einfach einzutreten?
Er hat die Hand an das Tor gelehnt, dann hört er Schritte, und ein Mädchen kommt die Straße entlang, ein junges Mädchen, hübsch, sie trägt ein grünes Kleid. Sie mustert ihn, und Sdeert drückt die Pforte auf, lächelt ihr zu und betritt das Grundstück.
Das Hundebellen wird lauter, und Sdeert denkt, wo

Hunde bellen, sind auch Menschen. In seinem blauen Blazer und seiner weißen Flanellhose marschiert er den kurvigen Kiesweg entlang, zwischen den Bäumen hindurch. Hinter einer Biegung wird der Weg gerade, steigt an, und oben steht auf freier Fläche eine riesige Villa.

Dann sieht Sdeert, wie sich dort zwei Hunde erheben, die Köpfe in den Nacken werfen, heulen und bellen, sich im Trott in Bewegung setzen, bellend in Galopp übergehen und ihm entgegen den Weg hinunterstieben. Dann sieht Sdeert, daß es sich um zwei große deutsche Doggen-Rüden handelt, dann sieht er, daß sie die Zähne fletschen, das rote Zahnfleisch glänzt über dem entblößten Gebiß. Dann denkt Sdeert: Doch nicht mit mir...ich bin doch kein...die Leute würden doch nicht... Dann ist die erste Dogge so nah, daß sie zum Sprung ansetzt.

Porsche und Ford

Ich nehme den Jungen mit, einverstanden? sagte Herr Bohrer. Seine rechte Hand lag auf dem Dach des Porsches.
Werners Vater nickte. Werner, dann fährst du mit Herrn Bohrer.
Der stand hinter seinem Porsche, groß, größer als sein Vater. Er lächelte zu Werner hinab. Werners Vater ging hinüber zu ihrem Ford, ohne ihn.
Wie ist's, Weinhold, wer zuerst da ist? rief Herr Bohrer hinüber. Er kniff die Augen zusammen.
Werner spähte in das Gesicht seines Vaters. Er bekam eine Gänsehaut und heiße Ohren. Er erinnerte sich an den letzten Winter. Der Nikolaus hat die Bäume gezukkert, sagte sein Vater, als sie auf der geschlängelten Straße die Alb hinauffuhren. Tiefer Wald, immer höher durch die Kurven, die Kieslaster überholen. Die grauen Kieslaster mit den Anhängern – ununterbrochen rieselten Steinchen aus den Ritzen –, die schoben sich mit brüllenden Motoren die Steigungen hinauf. Sie fuhren dicht auf, und sein Vater schaltete hinunter, scherte aus, beschleunigte, und sie rasten an den langen Lastern vorüber, links und rechts die verschneiten Fichten und der Blick auf die leere Kurve, die immer näher kam, aber sie schafften es jedesmal.

Sein Vater war der beste Fahrer der Welt.
Jetzt wollte er bei ihm sein. Aber er saß schon im Wagen. Herr Bohrer stand noch hinter seinem Porsche und sah zu Werner herab. In die Mitte seiner Stirn lief eine spitze Haarzunge. Werner hatte Angst. Er hatte ganz vergessen, daß Herr Bohrer ihm immer ein Geschenk mitbrachte und ihn auf sein Knie zog, wenn er zu Besuch kam. Herr Bohrer war der Compagnon seines Vaters.
Der winkte ihm jetzt aus dem Auto zu, bei Herrn Bohrer einzusteigen. Werner begann zu weinen. Sein Vater startete und fuhr los. Herr Bohrer öffnete von innen die Beifahrertür.
Na, komm mal rein. So 'nen Schlitten kennst du noch nicht.
Drinnen roch es interessant. Nach Zigarettenrauch. Werners Opa war vom Rauchen gestorben. Seine Eltern rauchten nicht. Die Polster waren schwarz, das Auto war sehr niedrig.
Sie fuhren auf der Schnellstraße in Richtung Tübingen durch den Wald.
Können Sie mit dem Porsche so schnell fahren wie Papa? fragte Werner.
Herr Bohrer grinste. Er trug Handschuhe, die über den Fingerknöcheln offen waren, seine rechte Hand lag auf dem Schaltknüppel. Jetzt werden wir deinen Papa mal richtig abhängen.
Werner freute sich insgeheim. Nur, daß er jetzt nicht bei seinem Vater sein konnte.
Herr Bohrer gab Gas und überholte den grünen Ford, und Werners Vater winkte ihnen zu. Herr Bohrer lachte und hupte. Sie schossen richtig an ihm vorbei. Werner

starrte entsetzt zurück. Jetzt mußte er hinterherkommen und aufholen. Aber er holte nicht auf. Er wurde immer kleiner. Er fuhr überhaupt nicht schneller. Kein bißchen. Werner starrte durch die Heckscheibe. Er versuchte gar nicht aufzuholen. Dann verschwand er hinter einer Kurve. Als er auf der Geraden auftauchte, war er kaum mehr zu erkennen. Dann kamen mehrere Kurven, und er war ganz verschwunden. Werner spähte durch die Scheibe, aber er war nicht mehr zu sehen. Herr Bohrer fuhr mit ausgestreckten Armen und pfiff. Werner begann wieder zu weinen, aber er blickte aus dem Fenster, damit Herr Bohrer es nicht sah. Dann hörte er auf zu weinen. Herr Bohrer bog von der Schnellstraße ab und parkte beim Waldschlößchen. Es dauerte lange, bis der grüne Ford um die Ecke bog und knirschend auf dem Kiesparkplatz ausrollte.

Am nächsten Morgen, gleich nachdem er aufgewacht war, ging Werner hinüber ins Schlafzimmer. Das Bett seiner Mutter war leer, und er hörte sie in der Küche. Sein Vater schlief auf der Seite liegend mit leicht geöffnetem Mund und langen Wimpern über den geschlossenen Augen. Werner beugte sich über ihn und sah auf ihn hinab. Sein Vater drehte sich herum und blinzelte ihn an. Werner wartete, bis er die Arme gestreckt und gegähnt hatte und richtig wach war, und schlüpfte unter seine Decke.
Na, wie hat dir die Fahrt gestern gefallen?
Werner zuckte die Achseln.
Fährt gut, der Herr Bohrer, nicht?
Mhm, machte Werner.
Aber so ein Porsche ist schon ein schönes Auto, was?

Werner nickte.
Sein Vater lächelte ihn an. Wollen wir Raumschiff spielen?
Au ja, sagte Werner.
Sie flogen los. Werner steuerte.
Alles klar an Bord? fragte sein Vater.
Werner sah ihn an. Sicher.
Achtung, rief sein Vater, feindliches Raumschiff von rechts. Paß auf! Sie greifen an!
Er ließ eine Faust auf die Decke fallen und rief BUMM.
Schnell unter die Decke mit dir! Da kommen noch mehr!
Nein, rief Werner. Er kroch außen am Raumschiff entlang bis zum Fußende des Bettes, wo die Bordkanone war.
Vorsicht, rief sein Vater. Geh in Deckung. Die übernehme ich!
Aber Werner zielte schon mit der Kanone und schoß, er nahm sie ins Visier und feuerte. Er zielte und holte den ersten runter. Sie kamen in Formation, und er schoß ohne innezuhalten, er holte einen nach dem andern runter, sie explodierten wie im Fernsehen. Er kniete am Ende des Bettes und schoß sie alle ab.

Großes Bett

Im Nichts – wer steht da? Der König.
Da steht der König, der König.
Da steht er und steht.

Paul Celan

An nichts erinnert werden. Darum die Rollos geschlossen halten. Das Licht einschalten. Gleichmäßiger Dämmer. Gedanken im Zaum. Und Ruhe bewahren; wie geht das. Und ständig darauf achten, den Körper einmal zu entspannen. Es fällt auch gar nicht mehr auf: Der Bauch und darunter und – wie er jetzt feststellt – die Arme, ständig in lautloser Spannung. Alles besser, wenn Kopf zur Ruhe. Vertäuen. Stahlklammern um die Gedanken. Tauben im Bauer. Spitzschnäblige Tauben. Hacken den Draht auf. Käfig voll weißer Tauben. Hat er hier ausgebessert, sind sie drüben schon wieder soweit. Ständig hinsehen...überall...Zusammenreißen!
Rauschgift nicht gut. Zigaretten besser. Alkohol sehr wichtig. Jedoch nie zuviel. Nie betrunken. Besonders morgens jetzt achtgeben. Mäßigen. Dann arbeiten. Arbeitsplan aufstellen. Disziplin. Problematisch nur morgens und abends. Mittags sehr gut. Mittags auch zu verkraften, auf die Straße zu gehen. Morgens undenkbar, jetzt im Vorfrühling. Zerreißt. Scharfgeschnittene Häuser auf blauem Himmel, die noch kahlen Bäume, Linden, Kastanien im eisigen Wind. Warum unvermeidbar, an Menschen zu denken? Gemeinschaft. Aber gemeinsam unmöglich. Ablauf vorgezeichnet. Alles vorauszuleben, jede Möglichkeit, weiß es ja...

Auch gut onanieren. Bilder. Kommen so nie vor. Aber erst abends, wenn nicht mehr auf die Straße weil Gefahr. Angst. Blauer Himmel ist die Frau. Noch nicht ganz darüber hinaus. Weiß, wie es immer endet. Auch wie währenddessen. Teils sehr schön. Spazieren Hand in Hand. Sehr schön. Alles bereits erlebt, einschließlich Ende. Alle haben Vergangenheit. Die Frau viel zuviel, wie alle, die man gern hätte. Alles sinnlos, wenn man die Vergangenheit nicht kennt. Immer zu viel ohne dich, zu lange. Nie aufzuholen. Vergiß sie. Immer Erinnerung ohne dich. Kannst nie sie sein, wenn du ihre Vergangenheit nicht kennst, noch sie selbst schon immer kanntest. Zukunft immer die gleiche. Alles im Kopf durchspielen, gesünder. Alle vergessen, tun nur weh, andere Welt. Schmerzfreier Zustand jede Nacht. Freund Schlaf. Im Schlaf immer glücklich. Tage müssen herum. Tags nichts, was es wert wäre. Habe am Tag gelebt. Andere immer wieder von neuem. Dumpfheit oder Mut? Fühllos, Tage schmerzen.

Ein Buch mit dem Titel: Die Farbe des Himmels und die Intensität des Sonnenlichts als Katalysatoren der Erinnerung.

Jeder Tag ein Tag Vergangenheit mehr. Weg davon, weg von Menschen, weg von Zeit. Umgebung konservieren, Tagesablauf disziplinieren, Erinnerung abtöten, Nahrungsaufnahme, kleine Dosen Alkohol bis zum Abend. Dann größere Dosis und im Bett Auf- und Abbau der Welt. Einfache Lebensregel: Schutz vor einsam nur wenn freiwillig einsam. Großer Irrtum: Menschen ließen Einsamkeit vergehen. Nur, wenn man sie wäre. Im Schlaf: Man selbst sein und gleichzeitig ein bestimmter anderer schon immer gewesen sein. Glück.

Der Raum: sechs Meter auf Zweimeterfünfzig, Stirnseite die Matratze, tiefliegend können zwei Meter und ein paar Zentimeter für ein Himmelsgewölbe gehen. Links Bücherregal, Tür, Schrank, Tisch mit Stuhl; rechts erst Fenster, dann Kommode, dann Bücherregal, dann Schreibtisch, darüber zweites Fenster. Hinter der Tür Kochnische und Badezimmer. Der Gedanke an andere Wohnungen, große und solche unterm Dach mit Licht aus blauem Himmel, mit Kleiderbügeln auf dem Korridor, an denen Röcke hängen, Blusen oder Hosen, da wohnen Menschen, was sprechen die jetzt, wenn sie sich auf dem Weg ins Badezimmer begegnen. Was tun sie heute abend. Vergessen.
Vormittagsarbeit: Säuberung der Wohnung. Unaufgeräumte Wohnung erinnert. Schuhe, in denen Socken stecken, das erinnert an das Zimmer der Frau; alles was nicht geordnet ist, erinnert an Menschen, eine Streichholzschachtel erzählt einen fremden Abend.
Zuerst ist die Bettdecke auszuschütteln, dann wird sie zusammengelegt und im Bettkasten versenkt, aus dem zuvor die schwarze Tagesdecke zu nehmen ist. Die Tagesdecke wird über die Matratze geschwungen und dann zu allen Seiten untergesteckt. Dann die leere Weinflasche in die Mülltüte. Eine erste Zigarette anzünden. Die erste morgendliche Zigarette beim ersten Zug: blauer Himmel durch die Ritzen des Rollos. Gesichter von Menschen die rauchen, Armhaltung auf weißen Gartenstuhlarmlehnen. Ihre Bewegungen, ihr Lachen, das alles birgt. Die späteren Zigaretten werden zu Freunden. Es sind Freunde ohne Anspruch, und, um einen witzigen Aphorismus zu versuchen, sie treiben dich genauso ins Grab wie deine anderen Freunde.

Dann das Glas ausspülen und frisch einschenken, halb Rotwein, halb Wasser. Plötzlicher Gedanke: Aus zwei Gläsern trinken, die einander gegenüber stehen. Was geschehen würde. Vielleicht später, wenn man seiner Disziplin mehr trauen kann. Dann die schmutzige Wäsche in den Korb, die anderen Kleidungsstücke in den Schrank. Hosen am Bügel aufhängen, Unterwäsche rechtes Fach, Hemden mittleres, Pullover links. Ordnung, die beruhigt. Was nicht auffällt, setzt nichts in Gang.

Fünf Minuten vor jeder vollen Stunde das Radio einschalten, Reklame. Hörbar und erträglich, unmenschliche Menschenstimmen, die an niemanden erinnern. Dann Nachrichten. Die Schlachtfelder der Welt, weit entfernt. Sofort danach abschalten. Trotzdem gern den kennengelernt, der die Musik erfunden hat. Ein Teufel. Nur Melodien und Töne, Harmonien, Disharmonien, aber ganze Welt. Injiziert dir alle Leben, die du nicht führst. Der muß sich auch umgebracht haben. Aber das wäre noch was: Musik komponieren. Alles das. Aber niemals selbst hören; wie Beethoven. Die Gesichter der anderen. Lautlose Symphonie. Auch eine Art. Unterschied: keine Brücken.

Dann Geschirr spülen. Jeden Tag einen Teller, eine Gabel, ein Messer, einen Löffel, eine Pfanne oder einen Topf. Fehlen der Mehrzahl als gegeben hinnehmen. Eine Regel, Abenteuer und Zuflucht. Ein neues Glas Wein, etwas weniger verdünnt. Warme Nebel dringen ein an den Rändern des Bewußtseins. Vorbereitung auf den Rest des Nachmittags.

Die Kochnische fensterlos aber hell beleuchtet. Warum die Leute Lampen nicht mögen. Elektrisches Licht.

Nur in die Ecken dringt nicht alle Helligkeit, dorthin mag sich zurückziehen wer will, er wird ihn nicht stören. Elektrisches Licht, neutral, verspricht nichts, was es dann nicht hält.

Schwerster Teil des Tages: Ende des Nachmittags. Sonne geht nicht unter. Langsam zieht sich das Licht durch die Ritzen des Rollos zurück. Es kommt und geht nach eigenem Willen. Wie eine Katze, wie ein Mensch. Sein Licht knipst er aus, dann ist es dunkel, knipst er an, dann ist es hell.

Ruhig auf dem Stuhl sitzen, rauchen, ein wenig trinken, den heraufsteigenden Rauch betrachten und seine Färbung im Sonnenlicht, im Lampenlicht. Dann ist wieder, Geburt von Licht und Straßengeräusch, einer da und geht nicht weg. Ein Freund. Lebt mit seiner Freundin zusammen. Studiert. Wie er in drei Wochen intensivster Arbeit ein Referat anfertigte und abends mit seiner Freundin aß und sprach in der Küche und die Berührungen der Hände auf dem Tisch. Wie er kurz vor Ende der Arbeit, als das meiste geschafft war, mit einer Bekannten in der Cafeteria saß im Reden und Hasten der Menschen. Ihr Gesicht im Lärm. Worüber redeten sie? Sie hatten Spaß. Und abends ins Kino mit Freunden und morgens mit einem Freund zum Squash, im Auto durch die Frühe der Straßen mit gemeinsamen Plänen und dem Blick auf die Häuser. Was ging in ihm vor, jede Minute, jede Sekunde, wie mochte er gerade jetzt seine Hände bewegen, wem saß er gegenüber, wie hob er jetzt die Brauen, wem sagte er was, lachend?

Jetzt nur schnell die Kante der Wand ansehen, gerade Kante, braune Rauhfaser und so, im Zimmer umhergehen, und so, etwas trinken, die Sonne verschwunden,

bald Abend und hinsetzen und aufstehen, hierhin sehen in die Ecke, dorthin auf den Boden, zur Decke, wieder gut, bald Abend.
Worauf man sich freut: das Bett bereiten, das Licht löschen, von der Disziplin des Tages in die Wellen der Nacht hinausschwimmen. Mein Meer mit meinen Gesetzen. Welt der Gegenwart ohne Erinnerungsschmerz. Auftauchend geboren und schon immer dagewesen: ewige Freunde ohne Zeit. Unbekannte Kräfte, fremde Worte. Das Wohlwollen erster Begegnung, ständig erster Begegnung, dazwischen Nichtzeit, Stillstand. Wenn so der Tod, Vorfreude. Zuvor: Menschen erschaffen, erscheinen lassen, Tages/Nachtkombinationen, vogelleichte Erlebnisse, die tags unmöglich: zum Beispiel der Mann. Schick ihn wieder fort und er existiert nicht mehr, er trug erinnerte Züge. Spür ihn, dann lösch ihn aus. Nicht wie bei Tag: Quäle die Menschen, die dich lieben, so lange, bis sie dich nicht mehr lieben können, Enttäuschung, wie kurz sie es nur aushalten. Nur ein Gestorbener ein wirklich Liebender. Einen töten, die Frau. Schleicht sich nachts noch manchmal ein, zur Seite drehen nutzlos. Erzählt von ihren Freunden wie von sich, so viele Jahre, nie aufzuholen, treibe auf ihren Wortwellen fort von ihr, kann sie nie kennen, wie ihr nahe sein bei soviel Leben. Alle haben gelebt, leben fort, niemals Anteil. Wappnen sich zu zweit dagegen, können doch nur trösten, ablenken, nie kurieren. Sie hat zuviel gesehen, er sieht sie nicht mehr, und da – gerade da – stand sie von ihrem Sessel auf, kam näher und begann zu schweigen! Aber es war nichts mehr passiert. Töte sie, Tote keine Vergangenheit, Tote können lieben.

Drehbühne Welt: Sie ist nur deine Erfindung, real sind meine Nachtwesen; warum nicht, wer verlangt Beweise, Rechtfertigungen? Denn wer hilft wem hinweg über Tage, Jahre?
Möchte schlafen, dort. Vergiß.
An nichts
erinnert werden.

Amerika hat's besser

1

Annes Arbeitstag war verlaufen wie immer. Jetzt sagte ihr Mann, daß er am Wochenende auswärts spielen würde, und sie bemühte sich, ihn anzusehen, aber sie lauschte dem Regen, der gegen das Fenster schlug. Ihr Mann rückte hin und her und stand auf und schaltete den Fernseher ein. Anne gähnte.
Ich geh zum Solzer und hol noch Apfelwein.
Anne zuckte die Achseln.
Wir haben keinen mehr. Er sah sie an. Ich hol schnell noch welchen. Wir machen's uns noch ein bißchen gemütlich, sagte er und ging.
Anne stand auf und schaltete den Fernseher aus. Sie setzte sich, gähnte, starrte auf den dunklen Schirm. Dann stand sie auf, schaltete das Gerät wieder ein, drehte aber die Lautstärke ab. Sie starrte auf die Bilder, bis sie den Schlüssel in der Tür hörte. Ihr Mann trug eine Vier-Liter-Karaffe.
Warum ist der Ton denn abgestellt?
Anne stand auf und ging ins Schlafzimmer, um ihre Heizdecke einzuschalten.
Gefällt dir das so? fragte ihr Mann. Anne schwieg.
Willst du nicht doch was trinken? Anne schüttelte den Kopf.

Vielleicht sagst du auch mal was. Sie schwieg.
Sag was! schrie er.
Ich bin müde, sagte sie. Ich mußte den ganzen Tag arbeiten. Ich bin todmüde. Außerdem ist mir kalt.
Er versuchte, den Arm um sie zu legen. Sie stand auf. Holger saß kurze Zeit starr da. Dann trank er sein Glas aus. Hatte keinen Sinn, jetzt nach ihr zu sehen. Schon Wochen. Schlief unter ihrer Heizdecke, hielt die Beine zusammen wie eine Jungfrau. Er zupfte ein paar Akkorde auf der Gitarre und sah unschlüssig auf das Fernsehbild. Dann erhob er sich, ließ die angebrochene Karaffe stehen und warf einen Blick zu der Kleinen ins Zimmer. Die schlief fest und atmete tief.
Er ging hinaus. Anne hörte die Tür ins Schloß fallen. Ihr Körper entspannte sich. Ihr Kopf würde die ganze Nacht wach liegen.
So hältst du's nicht mehr aus. Und niemand, mit dem man sprechen konnte. Holger schwieg. Für ihn war alles klar. Sie waren verheiratet, er verdiente, sie hatten ein Kind. Aber die Kleine war neun, die brauchte sie kaum noch. Holger hatte seine Arbeit und den Fußball und sie und die Kleine. Er fragte nicht mehr. Sie will noch ein Kind. Das sie braucht. Sehen, wie sie größer werden. Anders als bei ihr. Sie hat Kinder gern, anders als ihre Mutter. Das hatte Holger von seinen Studentenfreunden: Wahnsinn, in unsre Welt noch ein Kind zu setzen. Er sagte es auf wie ein Schuljunge. Wir haben doch eins. Der war sicher, recht zu haben. Als wär er fünfzig und nicht neunundzwanzig. Überlisten konnte sie ihn auch nicht. Merkte er sofort, daß sie die Pille absetzte. Wollte dann mit diesen Dingern. Aber da sagte sie nein. Neues Wort. Nur, ewig ist das nicht durchzu-

halten: Nein. Wenn du nicht ausgefüllt bist, arbeite doch; warum, kann er zwar nicht verstehen. Er verdient schließlich genug. Ja, arbeiten. Studieren hätte sie sollen, die sind frei, studieren, sie lachte, erst mal mehr als Hauptschule, erst mal mehr als die abgebrochene Hauswirtschaftslehre. Arbeiten: Die schweren hängenden gelben Brüste der Frauen im Laden, denen sie ins Mieder helfen muß, die braunen Schweißränder in den ausgeleierten BHs. Und Frau Patulat: Wie geht's denn Ihrer Kleinen? In die wievielte Klasse geht sie, in die dritte, ist schon neun? Sagen Sie, ist sie immer noch so rundlich, na, lassen Sie mal, das verwächst sich später alles, und was Handfestes, des sach isch Ihne, des habbe die Männer sowieso viel lieber...

Und man kann ihm nicht sagen, du, das geht nicht, du abends zum Essen und morgens zum Frühstück und die Kleine und das Miedergeschäft, Endstation, nein. Nein, aber was soll ich denn tun, um Gottes willen? Er versteht nicht, komm ins Bett, das Allheilmittel, nur, dort ist es auch kalt, wenn's einen ruhigstellen soll, nur ... was? Dem Holger bin ich selbstverständlich, aber mir ist gar nichts selbstverständlich, ich verstehe gar nichts mehr, einem Kind müßte ich was sein, ich will jemandem was sein, aber nicht Hausrat; jemandem, der es merkt, weißt du, der mich etwas fragt, niemand fragt mich etwas über mich. Keiner, der mich ansieht, ganz neu, und mich fragt und dann sagt, nein, mach es so. Warum? Weil ich mir Gedanken um dich mache, sagt er, und es ist nicht zu Ende, sondern fängt erst an, aber hier nicht, hier niemand, aber wer, zu dem ich wie unter dieses Kopfkissen, wo es dunkel und warm und sagt ja und ja und weil du du bist. Ich bin ich, das vergißt man, und ich sage: Bitte raus, fort von hier und dem Laden und dem Allheilmittel und dem Schweigen, jemand, der sagt, ja, mein Kind, ja, du.

2

Der Regen wurde zu Schneeregen, der waagrecht in den Unterstand der Haltestelle schlug. Anne wartete auf die Straßenbahn. Im Mantel war es warm. Sie war aufgeregt wie vor einer Reise. Das Personalbüro hatte ihr nicht helfen können, sie besaßen solche Akten nicht, aber man riet ihr, zum Hauptquartier der stationierten Truppen zu fahren und es dort zu versuchen. Die Amerikaner waren nett, obwohl sie sie kaum verstand. Jetzt würde sie es im Hauptquartier versuchen, und wenn es dort nichts wurde, beim Red Cross. Und wenn dort auch niemand etwas wußte, dann würde es etwas anderes geben, wo sie suchen konnte. Man würde ihr schon helfen. Die Straßenbahn kam. Drinnen war es warm wie zu Hause. Viel war es nicht, was sie wußte und ständig wiederholte: Sgt. Robert Bannister, das hatte Oma damals gesagt, geboren in Albany, das war ihrer Mutter später einmal rausgerutscht. Stationiert in Frankfurt von 1951 bis 1953. Vielleicht wird alles anders, dachte sie. Wenn sie herausfand, wo ihr Vater heute lebte.

Holger merkte, daß Anne etwas sagen wollte, als er die Wohnung betrat.
Setz dich, sagte sie.
Holger setzte sich und sah seine Frau an. Er hatte kein gutes Gefühl.

Stell dir vor, ich habe herausbekommen, wo mein Vater lebt!
Was? Wie denn das? schrie Holger. Er war plötzlich sehr erleichtert.
Ich war bei den Amis. Die ganzen letzten Tage. Schließlich haben sie mich zum Roten Kreuz geschickt, da hat mir ein sehr netter Mensch weitergeholfen. Der Name stand noch irgendwo in der Kartei, und er hat erreicht, daß sie rübertelefoniert haben, nach Amerika telefoniert, stell dir das vor. Du kennst die Geschichte ja, wie Oma damals damit rausgeplatzt ist und der fürchterliche Ärger mit meinen Eltern im letzten Schuljahr.
Was war das denn für einer, der dir geholfen hat?
Anne sah ihn an. Er heißt Matt.
Und?
Ist Psychologe, glaube ich.
Was hat ein Psychologe denn dort zu suchen?
Weiß ich auch nicht. Jedenfalls hat er mir geholfen.
Er ist an dich rangetreten? fragte Holger.
Ich hab ihm mein Problem erzählt.
Und?
Da hat er alle Hebel in Bewegung gesetzt.
Na, nun hast du die Adresse. Und was willst du jetzt tun? fragte Holger.
Anne sah ihn an, ohne zu antworten.

Holger half seiner Frau, den Brief nach Amerika zu verfassen. Sie nahmen alle ihre Englischkenntnisse zusammen. Was schrieb man seinem Vater, den man nicht kannte? Als der Brief fertig war, sah Anne Holger an.
Danke.
Warum, zum Teufel, bedankst du dich bei mir? sagte

Holger lachend. Ich kann doch auch nicht mehr Englisch als du.
Ich weiß nicht. Ich fühl mich so dankbar.
Sie schloß die Augen und berührte ihn mit der Hand.
Holger lag wach. Wie gut, daß so, ein Witz, daß er schon Angst, aber jetzt hatte sie etwas. Briefe schreiben, mal sehen, aber das war gut, da hatte sie was. Er hatte schon Angst gehabt, aber das beruhigte ihn, und sie schien's zu freuen. Hoffentlich antworteten die. Wie kommt sie nach zehn Jahren drauf, ihren Vater ausfindig zu machen? Egal. Na, das war jedenfalls überstanden.
Holger sah nach Anne. Sie schlief fest. Ohne Heizdekke. Holger grinste. Dafür war keine Zeit mehr geblieben.

3

Als Anne auf die Uhr sah, hatte sie zwei Stunden ununterbrochen geredet. Er hatte die ganze Zeit zugehört.
Eigentlich sollte es mir peinlich sein, was ich dir alles erzähle.
Warum?
Schließlich könnte ich auch mit meinem Mann sprechen.
Man kann auch den Leuten, die man lieb hat, nicht alles sagen, sagte Matt.
Nein, wohl nicht, sagte Anne.
Komisch, du hast immer noch nicht geradeheraus gesagt, warum du deinen Vater suchst, sagte Matt.
Aber du weißt es.

Ich kann's mir denken, jetzt.
Wie sind die Amerikaner? fragte Anne. Glaubst du, daß ich dort hin kann?
Ich kenne deinen Vater nicht. Aber du hast jetzt das erreicht. Du könntest auch hier etwas versuchen.
Was sollte ich hier versuchen? sagte Anne.
Bei dem Elan, den du jetzt hast, gibt's viel.
Ich will zu ihm. Ich will dorthin, sagte Anne.
Und danach? fragte Matt.
Danach, sagte Anne, danach?

Abends erwähnte sie, daß sie sich mit Matt getroffen hatte. Holger nickte mit vollem Mund.
Dann kam der erste Brief aus Amerika. Anne entzifferte ihn. Die Mutter ihres Vaters hatte ihn geschrieben. Er begann: »You can call me Granny.« Ihr Sohn sei auf einer Geschäftsreise, habe aber die Nachricht gehört und sich gefreut. Er sei leider gerade wieder geschieden, aber »du hast sieben Geschwister«. Dann einiges über das Leben in Troy. Dann: »Du hast hier eine große Familie. Schreib bald wieder.« Dazu zwei Polaroidfotos. Zwei alte Leute vor einem weißen Holzhaus mit grüngestrichenen Fensterläden: Großvater und ich. Aber Großvater ist im Herbst gestorben. Das andere: Ein Mann mit grauem Haar und Schnurrbart, in blauem Anzug und braunen Schuhen, der in die Kamera lächelt: »Your Father.«
Holger war übers Wochenende zum Spielen fort. Anne hatte die Kleine zu Bett gebracht und saß im Wohnzimmer. Sie betrachtete das Foto.
Mama, warum bist du noch wach?
Das sollte ich dich fragen. Kannst du nicht schlafen?

Wann kommt der Papa wieder?
Der kommt erst morgen abend wieder. Jetzt geh. Du kannst dir ja überlegen, was wir morgen tun wollen, bevor du einschläfst. Danach saß Anne noch lange im Wohnzimmer und drehte das Bild in den Händen.

Am Mittwoch klingelte das Telefon um vier Uhr nachts. Geh du ran, murmelte Anne.
Holger nahm ab und verstand kein Wort. Dann sagte er: Yes? Yes? Oh, no. No, it's night here. No! No. Anne fuhr auf. Holger reichte ihr den Hörer. Der Mann am Telefon sagte, er sei ihr Bruder. Anne erwiderte einiges, sagte dann bye bye und legte auf. Als sie sich in die Heizdecke einwickelte, schlief Holger schon wieder. Anne dachte an die Stimme, die ihrem Bruder gehörte. Den ganzen nächsten Tag streifte sie durch die Stadt. Als Holger abends nach Hause kam, gab es kein Essen wie sonst. Er schlug sich Eier in die Pfanne. Später wimmelte er am Telefon Frau Patulat ab, die nach Anne fragte. Sie liege krank im Bett, sagte er. Aber er wußte nicht, wo sie war.
Seltsam genug, dachte Holger, daß die Amerikaner sich über ihre Briefe zu freuen scheinen und selbst dauernd schreiben. Und anrufen, dachte er. Man kann ihnen nicht klarmachen, daß es bei uns Nacht ist, wenn sie telefonieren. Immerhin hat er damals ihre Mutter geschwängert und ist verschwunden. Und der Brief, den ihre Mutter schrieb, wurde wohl recht kühl beantwortet. Na, es wird schon so ein Brief gewesen sein. Er kannte ihre Mutter. Und jetzt? Langsam etwas viel, langsam etwas zuviel. Schön und gut, daß sie sich freute, aber als ob es etwas ausgelöst hätte in ihr. Sie ging

nicht regelmäßig zur Arbeit, aber wo war sie tagsüber immer? Normalerweise richtete sie das Essen, wenn er nach Hause kam. Freiraum, natürlich, aber so plötzlich, so sinnlos und dann dieser Matt. Sie schläft nämlich immer noch nicht wieder mit ihm, weiß der Teufel, steigt sie zu diesem Matt ins Bett? Was bläst der Kerl ihr ein? Keine Ahnung, sagt ja nichts, er verliert langsam den Überblick, weiß nicht, was sie tut noch was sie denkt. Heute abend: Sie hatte keinen Zettel hingelegt, und es ist gleich elf. Sind sie zusammen? Was soll man da tun? Ihn verprügeln? Sehr schön, was dir so einfällt... Aber er weiß auch gar nicht mehr, was sie denkt. Wenn er das wüßte, wie sonst. Langsam bereut er den Spaß mit Amerika.

4

Dann kam der Brief, auf den Anne gewartet hatte. Ihr Vater nahm im Mai zwei Wochen Urlaub, da sei sie herzlich eingeladen. Sie solle nach New York City fliegen, von dort nach Albany, da werde sie abgeholt. Er freue sich darauf, ihr Troy und die Umgegend zu zeigen und sie der Familie vorzustellen. PS: Grüße von Granny.
Anne legte das blaue Luftpostpapier zur Seite.
Vor ihr auf dem Tisch stand noch vom Abend die Karaffe. Daneben lag die Fernsehzeitung. In der einfallenden Sonne glänzten auf dem Tisch die Ringe, wo Gläser gestanden hatten. Die Karaffe warf einen grünen Schatten. Der Bildschirm war staubig. Das alles sah man bei Sonnenlicht. Der Pokal in der Bücherwand über dem Fernseher stand auch in der Sonne. Holger hatte ihn beim

Geschicklichkeitsfahren gewonnen. Daneben die Trachtenpuppe aus Sardinien. Dort eine Cassette. Die gehörte Christine, ein Hörspiel für Kinder.
Anne stand auf und nahm den Weltatlas. Seite 130: Die Nordoststaaten der USA. Troy, kam das von Troja? Troy am Hudson: Stadt zwischen fünfzig- und hunderttausend Einwohnern. New York, nicht mal zweihundert Kilometer entfernt. Da die Appalachen. Da auch ein Wasserfall. Zweihundert Kilometer waren es auch bis zu den großen Seen.
»Von New York aus folgen der Hudson-Mohawk-Senke über Albany, Syracuse und Buffalo am Eriesee die Hauptstraßen und Bahnlinien zu den großen Seen, ebenso der Erie-Kanal. In dieser Industriegasse reiht sich Fabrik an Fabrik...«
Anne zog sich um und ging. Am Himmel kamen Regenwolken auf. Matt war höflich und freundlich wie immer. Sie tranken Kaffee in der Kantine.
Du bist richtig exaltiert, du zitterst. Schau dir mal das Fußbad an.
Vorhin war es noch nicht so, sagte Anne. Aber eben in der Bahn fühlte ich mich schon wie im Flugzeug.
Matt lachte.
Aber einiges, was du vorgeschlagen hast, konnte ich einfach nicht. Ich hab mir's durch den Kopf gehen lassen, aber ich will erst wissen, was er meint. Amerika ist doch ein großes Land, und wenn er mir hilft...
Das ist riskant, sagte Matt.
Ich weiß, ich weiß, aber er hat mir doch geschrieben. Verstehst du, da drüben sitzt jemand, mein Vater, und macht sich Gedanken über mich...
Und dein Mann und deine Tochter?

Ja, natürlich. Ach, ich weiß es nicht, ich weiß es wirklich nicht. Aber versuchen muß ich's doch, oder?
Du hast ja dort erst mal zwei Wochen Zeit, sagte Matt. Vielleicht regelt sich dann alles von selbst.
Ja, vielleicht, sagte Anne. Das wäre was, wenn es sich von selbst regeln würde.

Das Gefühl im Bauch, als Holger die Tür aufschloß. Aber dann ging sie auf ihn zu und hielt ihm den Brief vors Gesicht.
Eine Einladung! Er hat mich nach Amerika eingeladen! Was sagst du jetzt? Ich werd rüberfliegen, nach Amerika, ich werd meinen Vater sehen, nicht mehr telefonieren, sehn werd ich ihn und riechen und anfassen! Matt hat mir schon Glück gewünscht, verstehst du, kannst du dir das vorstellen, ich werd New York sehn!
Sie setzten sich in die Küche. Holger nahm die Karaffe. Er goß sich ein.
Macht nichts, sagte Anne. Ist keine neue Decke.
Ich hab keinen Fleck gemacht, schrie Holger.
Du hast...
Hat er dich denn auch gefickt heute mittag? schrie Holger. Ja, hat er dich gleich gefickt? Ja? Wie war's? Was hat er gesagt, was hat er dir eingeblasen mit Amerika, die Drecksau? Holger begann zu lachen. Er konnte nicht mehr aufhören.

5

Am nächsten Tag schloß Holger nicht wie gewöhnlich auf, sondern klingelte. Anne ging zur Tür. Er stand da, im nassen Regenmantel, lächelte wie ein Junge, hielt ihr einen tropfenden Strauß Tulpen hin und streifte sich die Schuhe ab.

Darf ich reinkommen? Es klang komisch.

Holger trug ein Bündel bedrucktes Glanzpapier unter dem Arm und hielt eine Plastiktüte. Anne holte eine Vase für die Blumen, und Holger ging ins Wohnzimmer und nahm eine Flasche Rotwein aus der Tüte. Er entkorkte sie und rief seine Frau und seine Tochter. Er bat sie neben sich auf die Couch und schenkte allen vom Wein ein. Dann begann er, die Prospekte aufzufalten.

Ich hab mir überlegt, was wir machen, sagte er. Im Sommer, wenn ich Urlaub habe, fahren wir alle rüber. Einmal nicht Sardinien.

Christine jubelte.

Eine Anlaufstation haben wir ja, nämlich deinen Vater. Wir mieten uns ein Auto und fahren von da nach Westen.

Er schlug in den Reisebroschüren verschiedene Seiten auf und erklärte dann, was er für die günstigste Flugverbindung halte. Vier Wochen lang wollten sie unterwegs sein.

Na, was haltet ihr davon? Wär das nicht was?

Anne öffnete den Mund, der ganz trocken war, und hörte ihre eigene Stimme: Nur, daß ich jetzt eingeladen bin und nicht im Sommer und daß ich alleine fahren werde. Alleine. Ohne dich.

Holger schwieg und räumte langsam die Prospekte zusammen.

Fünf Tage vor dem Abflugtermin holte Anne das Ticket ab. Sie trat aus dem Reisebüro und nahm es aus der Tüte und betrachtete es.
In einem Café im Universitätsviertel bestellte sie Weißwein. Sie sah durchs Fenster, wie die Passanten vorbeigingen. Es war interessant, die verschiedenen Leute bei gutem Wetter zu beobachten oder an den Nebentischen reden zu hören. Das Mädchen, das servierte, war schwarz gekleidet, und die meisten Gäste nannten sie beim Vornamen.

6

Holger stand an die Fensterbank gelehnt. Der Himmel bewölkte sich. Unten rollte die Straßenbahn vorbei und ratterte über eine Weiche.
Papa, sagte die Kleine.
Ja.
Was guckst du so?
Ich? Äh... Holger begann zu stottern, er merkte, daß seine Hand zitterte, er versuchte, sie ruhig zu halten. Er lachte, es wurde ein Räuspern. Dann sagte er: Ich geh noch ein paar Schritte spazieren.
Eben fängt es an zu regnen, sagte Christine.
Holger nickte. Beim Hinausgehen zog er den Kopf ein, als sei die Tür zu niedrig für seine Größe.

Herbert und Birgit

Das Gutshaus stand keine zwanzig Kilometer von der holländischen Grenze entfernt, abseits der Strecke Münster-Enschede. Es lag mitten im Wald, und der Weg, der hinführte, war nur bis zum Waldrand asphaltiert und danach steinig und im Herbst, Winter und Frühling, wenn es regnete, morastig. Es gab viele Zäune, Zäune, die den Besitz abgrenzten, Zäune, die Wildgehege und Schonungen abgrenzten, aber es waren alte verrostete und an vielen Stellen niedergedrückte Zäune. Neben dem Gutshaus lag ein niedriger strohgedeckter Bau, den der alte Erwin bewohnte, dann war da der Hundezwinger, ein Ziegenstall und im Schatten des Hauses ein Kaninchenverschlag, dort wo das große Gemüsebeet begann, das bis zum Wald reichte.
Als Birgit auf das Haus zuging und die Hunde anschlugen und sie den Ziegenstall sah, dachte sie an das Weihnachten mit dem kleinen Zicklein, das ein rotes Band um den Hals trug mit einer Glocke daran, und wie sie die Kaninchen durch den Maschendraht gefüttert hatte und an den Geruch von Schnittlauch und Borretsch. Dann an den Geruch von Onkel Herbert, nach Schnaps und den schwarzen filterlosen Zigaretten wie ihr Vater. Vor der Tür, die jetzt geschlossen war, hatten sie Girlanden aufgehängt, und als das Brautpaar herauskam,

warf sie Blumen aus dem Korb, den sie unter dem Arm trug, und Herbert lachte sie an, während Tante Mareike ernst nach vorn sah, und ihr Vater schlug seinem Schwager auf die Schulter.

Später, wenn sie hier war und mit Elsa, der Tochter der beiden, spielte; Herbert haßte Elsa, und abends am Eßtisch legte er behutsam das Messer aus der Hand, sah sie an und sagte: Du bist dumm, dumm, dumm. Dann riß er sich die Serviette vom Hals und stand auf und verschwand. Und nachts hörte sie seine schweren Schritte auf der Holztreppe. Da war er in der Kneipe gewesen. Und Elsa, die ein Gocart besaß, auf dem Birgit so gerne fahren wollte und wie sie ihr sagte: In der Küche kriegst du ein Stück Schokolade, und Elsa rannte, und sie hatte fünf Minuten, um mit dem Gocart zu fahren, und wie sie Elsa fünfmal am Tag die Sache mit der Schokolade erzählte: fünfmal fünf Minuten.

Es gab immer etwas zu bauen. Bretter für den Kaninchenstall und Maschendraht und den ganzen Tag Stämme für einen Hochsitz sägen, auf dem sie dann mit Herbert stand um vier Uhr morgens, sich bemühte zu verstehen, was er flüsterte, wenn er den Feldstecher absetzte, der Blick in den silbergrauen Wald mit dem Geräusch der Tautropfen von den Zweigen.

Der einzige Mensch, den Herbert traf, war ihr Vater, und dann starb ihr Vater. Birgit erinnerte sich an die Form seiner Hände und an seinen Geruch, und Herbert roch genauso, und alles andere wußte sie nur mehr aus Erzählungen und von Bildern, und wenn sie sich erinnerte, wie er ausgesehen hatte, wußte sie, es waren Bilder, an die sie sich erinnerte.

Und dann war Herbert nie mehr in der Firma gewesen,

er fuhr einfach nicht mehr hin, er ging frühmorgens in sein Revier und jagte, dann ging er zum Frühschoppen in die Kneipe, dann ging er nach Hause zum Essen, das er hinunterschlang, um wieder in den Wald oder an den Bach zu kommen, dann ging er zum Dämmerschoppen, dann nach Hause zum Essen, dann saß er im Kaminzimmer und las und rauchte und trank. Er trank Rotwein und las Bücher über Länder und Jagen und Fischen und über Physik und Philosophie und die Biographien von Soldaten oder Entdeckern. Wenn seine Frau ins Kaminzimmer kam, legte er das Buch zur Seite, und nach einer Weile kam sie nicht mehr.

Er las, bis das Feuer in dem hohen Kamin abgebrannt war, und oft ging er dann hinaus in den Wald.

Später nahm er sie mit, auch als sie größer wurde. Er redete mit ihr wie mit einem Mann und ohne jemals eine Antwort von ihr zu erwarten, geschweige denn, daß sie etwas erzählte. Er hatte auch genug zu erzählen.

Irgendwann kamen die Brüder ihres Vaters in Anzügen mit Krawatten und zahlten ihn aus, und er saß da in seinen weiten Hosen und seinen Wollsocken und sagte gar nichts, und nachdem sie weg waren, ging er auf die Pirsch.

Er brachte ihr bei, wie man Fasanen ausnimmt, welche Tiere geschossen werden dürfen und zu welchen Zeiten, wann man Hunde einschläfert, und seine Hunde jaulten vor Freude, wenn er sie ins Haus ließ, und sie fand ihn grausam, als er mit einem Schlüsselbund nach einem Hund warf, aber mittlerweile verstand sie, worin der Vorteil lag, daß die Hunde spurten, wenn er den Bund nur zeigte.

Wenn sie in den letzten Jahren Freunde vorbeibrachte,

machte er sie besoffen, wenn er sie sympathisch fand, und erzählte dann den ganzen Abend, ohne sie jemals zu Wort kommen zu lassen. Fand er sie unsympathisch, verabschiedete er sich nach kurzem und ging in die Kneipe.

Einmal hatte er mit ihrem Vater im Süden Urlaub gemacht, das Jahr nachdem er geheiratet hatte, in Italien, das Jahr bevor ihr Vater starb. Das war das einzige Mal, daß er im Süden gewesen war. Seitdem fuhr er nur noch zweimal im Jahr nach Juist und war einige Male in Polen gewesen, in Finnland, in Schottland und in Kanada, zum Jagen.

Fahr doch auf ein halbes Jahr zu Onkel Herbert. Du kannst dort deinen Jagdschein machen, wie du es immer wolltest, und hinterher in Münster Biologie studieren.

Warum willst du mich von hier weg haben?

Ich will dich nicht weg haben. Ich glaube nur, es ist das beste für dich. Onkel Herbert sagt auch, das ist dein Leben.

Birgit dachte an den 29. Mai, wie sie morgens aufgewacht war und gewußt hatte, daß heute der Tag gekommen sei, und wie sie sich mit Fleer verabredete, der dreißig Jahre älter war und stadtbekannt, und wie sie hinausfuhren, die schmale Landstraße entlang, an den Weizenfeldern vorbei, und bei der Hütte hielten und ins Rapsfeld gingen, wie sie geplant hatte. Und Martin, der sich ihr auf der Party in der Tür in den Weg stellte und sie küßte. Und ihre Freundinnen, die sie vor ihm warnten. Und wie es nach einem halben Jahr war, als auch er begann, langweilig zu werden und sie in seiner Wohnung in der Küche stand mit seinem Freund und die Tür plötzlich aufschlug. Und wie sie in Arona den drückend

heißen Sommer verbrachte mit ihren Großeltern und sie in der Abendkühle bei offenen Fenstern saßen und lasen und wie sie dann aufsprang und hinunterging und in ihrem T-Shirt-Kleid klingelte an der Wohnung des Musikers, die unter ihrer lag, mit feuchten Fingern, und wie die Tür sich öffnete und er sie ansah und grinste.
Ja, sagte sie ihrer Mutter, als sie an das Gutshaus dachte und an ihren Onkel, an dessen Seite sie Sonntag nachmittags einschlafen konnte als kleines Mädchen. Sie wußte, warum ihre Mutter sie fort haben wollte, und sie wußte, sie hatte recht. Und war nicht der Wald das, was sie wirklich wollte und die niedergetretenen Zäune und die Morgenstille und die Hundemeute.

Der alte Erwin kam um die Ecke des Hauses, sah sie, lief auf sie zu und schüttelte ihr die Hand. Dann ging sie ins Haus. Es war frühmorgens, und als sie in der Halle stand, kam Herbert die Treppe herab, musterte sie, lächelte und grüßte.
Nun bist du wieder da.
Ja.
Du bleibst...
Wenn du möchtest, wenn du erlaubst.
Er nickte. Er trug seinen Jagdanzug und küßte sie auf die Wange, und sie drückte ihren Kopf gegen seinen, und der Kolben des Gewehrs berührte ihre andere Wange und dann ging er hinaus.
Sie ging hinauf auf das Zimmer, das ihr Zimmer war, und packte aus. Dann begrüßte sie ihre Tante, und sie frühstückten schweigend.
Wo sind Elsa und der Junge? fragte Birgit und rauchte und sah auf den Teller.

Im Internat. Sie kommen nur in den Ferien nach Hause.
Kann ich dir etwas helfen? fragte Birgit.
Ich wasche. Du kannst mir beim Aufhängen der Wäsche helfen.
Sie hängte die Wäsche auf und unterhielt sich mit ihrer Tante darüber, was es Neues in der Stadt gab. Dann bereitete sie in der Küche das Mittagessen. Dann staubsaugte Birgit das Kaminzimmer und nahm die Pfeife vom Lesetisch, um Staub zu wischen, und besah die Titel der Bücher. Nach dem Essen ging sie in den Garten, säuberte den Kaninchenstall, fütterte die Tiere und ging mit ihrem Lieblingshund spazieren, der sie am Morgen sofort wiedererkannt hatte. Sie ließ ihn laufen, rannte hinterher und sprang über umgefallene Baumstämme und die niedergetretenen Zäune. Sie versteckte sich hinter den Bäumen und rief den Hund, und wenn er kam, hechelnd, sprang sie um den Baum herum und hielt sich am Stamm mit den Händen, die hinterher ganz harzig waren, und sie roch an ihnen und dachte daran, daß sie in Lederbundhosen hier herumgelaufen war und ihr Onkel ihr die Schnürschuhe auszog und ihre Füße auf Blasen untersuchte. Aber sie hatte nie Blasen, und Herbert gab ihr einen Klaps auf die Fußsohle.
Dann ging sie in Richtung des Dorfes und betrat die Kneipe, um den Wirt zu begrüßen, der sie kannte, und den Förster, aber der Förster war nicht da. Sie lief den ganzen Weg zurück, und der Hund, der Fleck hieß, lief voraus und wieder zu ihr hin und wieder voraus.
Sie sprach einige Worte mit Erwin und lachte, wenn er etwas sagte, und ging dann ins Haus zum Abendessen. Ihre Tante hatte noch nichts vorbereitet, so ging sie in die Küche und bereitete belegte Brote. Sie aßen und

unterhielten sich über die Stadt. Dann ging Birgit ins Kaminzimmer. Sie machte Feuer und legte sich auf das Fell vor dem Kamin. Sie zog Schuhe und Strümpfe aus, nahm ein Buch über Fliegenfischen vom Lesetisch. Sie blätterte es durch und betrachtete die Abbildungen. Dann sah sie im Bücherregal eine gerahmte Fotografie. Sie zeigte ihren Vater mit Herbert mit Gewehren über den Schultern und zwei erlegten Rehböcken zu ihren Füßen. Sie hatten die Arme umeinander gelegt.
Dann rauchte sie vor dem Kamin liegend und trank Whisky aus einem Cognacschwenker und sah ins Feuer. Schließlich ging sie zu Bett.
In ihrem Zimmer war es kalt, und sie war schläfrig, und im Halbschlaf hörte sie Schritte die Treppe herauf.

Die nächsten Tage ging sie mit Herbert morgens auf die Jagd und studierte mittags das Buch, das auf den Jagdschein vorbereitet. Abends saß sie mit ihrem Onkel im Kaminzimmer, und er erzählte. Sie war froh, daß sie nichts von der Stadt erzählen mußte. Sie wußte auch, es hätte ihn nicht interessiert. Er erzählte vom Jagen, von den Hirschen und Rehböcken in seiner Jagd, wie er einen Hund eigeschläfert hatte, der an Krebs litt, den sie gekannt hatte, vom Angeln im schottischen Hochland, wo er drei Wochen in einer Hütte mit Torffeuer gelebt und sich nur von Lachsen ernährt hatte, die er mit Kräutern gewürzt aß. Dann fragte er, ob sie Lust habe, Biologie zu studieren, und sprach über die Vorteile des Studiums. Dann fragte er, ob sie ins Moor gehen wollten und die Vögel beobachten am nächsten Tag und sich danach die jungen Fichten in der Schonung besehen. Er lachte, als sie begeistert zustimmte, aber dann sagte er

gar nichts mehr und blickte nur noch ins Feuer. Sie trank ihren Whisky aus. Es standen zwei leere Flaschen neben dem Lesetisch, von denen sie eine halbe getrunken hatte. Sie ging schweigend hinauf und bemerkte, daß es erst zehn Uhr war.
Oben dachte sie an Gran Canaria, wo man im Spätfrühling zum Glück immer Freunde aus der Stadt traf und wie sie in die Diskothek gingen, sie mit dem verknoteten T-Shirt und den engen Jeans und den silbernen Stiefeln und der silbernen Haarsträhne und Stefan im Frack, und wie die Pauschaltouristen hereinkamen in ihrer Strandkleidung mit Shorts und sie über die Schulter ansahen und halblaut als aufgepepte Spießer bezeichneten. Und die Barbecues am Strand und Stefan auf dem Balkon und sein Freund Max mit den schwarzen Augen, der surfte, und Hernando, der Lehrer in der Surfschule war, den sie abends beim Tanzen kennenlernte.

Am nächsten Morgen war ihre Tante schon um vier Uhr auf und servierte ihnen Tee, und sie saßen schweigsam am Tisch, und Birgit bemühte sich, ihre Kopfschmerzen genausowenig zu zeigen wie Herbert, falls er welche hatte. Ihre Tante war noch im Nachthemd, und sie sagte Herbert beim Eingießen, sie würde nach Münster fahren und erst später zurückkommen und, wenn es zu spät würde, bei einer Freundin schlafen. Herbert nickte und zog einen Zettel aus der Tasche mit Posten, die er mitgebracht haben wollte. Dann ging ihre Tante wieder zu Bett, und Herbert und Birgit brachen auf. Birgit schlang den Proviantsack um, und Herbert holte ein Gewehr. Sie bat ihn, ihren Lieblingshund mitnehmen zu dürfen, und er sah sie an und stimmte zu.

Sie gingen eine halbe Stunde, und dann kamen sie ans Moor und an den Hochstand. Sie banden den Hund fest und kletterten hinauf. Das Holz des Hochstandes war naß von tauendem Reif, und oben war es hart, so daß man wach wurde. Herbert nahm den Feldstecher und richtete ihn aufs Moor, wo Nebel aufstiegen, und stellte die Entfernung ein. Dann reichte er ihn Birgit und legte einen Arm um ihre Schulter und flüsterte ihr ins Ohr, wo sie hinsehen mußte, um die Vögel zu entdecken.
Sie blickte durch den Feldstecher und dann er, und er deutete, und sie nickte, und manchmal stieß er sie an, wenn er Vögel sah, die raschelnd aus den Sträuchern oder Bäumen aufflogen, und erklärte ihr flüsternd, was es mit ihnen auf sich hatte.
Gegen acht Uhr frühstückten sie und kletterten hinab und banden den Hund los und marschierten zur Schonung. Herbert sprach kein Wort und atmete tief und beobachtete die Dinge am Weg. Birgit spielte mit dem Hund, der froh war, wieder frei laufen zu dürfen.
Nachdem sie die Schonung kontrolliert hatten, setzten sie sich auf den weichen Waldboden und aßen und tranken. Danach zog Herbert eine Flasche aus der Jackentasche und reichte sie ihr. Dann bot Birgit ihm eine Zigarette an. Er lehnte ab. Sie zündete sich eine an.
Ohne Ansatz begann Herbert sie über die Jagd zu fragen. Es war wie in einer Prüfung, er fragte, und sie antwortete, und er nickte oder sie sagte, das habe sie noch nicht gelesen, und dann erklärte er es ihr.
Irgendwann hörte er auf zu fragen. Sie standen auf und gingen. Birgit schwieg. Herbert begann zu sprechen. Er erzählte von sich und ihrem Vater.
Wir waren am Lago Maggiore, den du ja kennen dürf-

test. Allerdings nicht in Arona und auch nicht Stresa, sondern Intra. Wir blieben drei Tage, und dann waren wir uns einig, daß wir weiter mußten. Wir fuhren damals per Zug. Wir wollten nach Süden. Im Abteil begegneten wir einem Mädchen. Einem interessanten Mädchen. Du warst damals fünf, und ich gerade frisch verheiratet, aber das Mädchen fanden wir beide interessant. Wir trafen sie im Speisewagen. Sie fuhr Erster Klasse, wir Zweiter, um Leute kennenzulernen. Sie kam aus Mailand und wollte in die Abruzzen zu ihrer Familie. Sie lud uns ein. Ich fand sie sehr attraktiv, dein Vater auch. Sie schien ein interessantes Leben zu führen in Mailand. Viel um die Ohren, du verstehst? Wir sagten ja, warum auch nicht, wir hatten ja kein spezielles Ziel. Wir fuhren also mit, und ihre Eltern nahmen uns auf. Sie nahmen uns auf, wie man Gäste aufnimmt. Sie schienen gar nichts dabei zu finden, na ja, dieses Mädchen war offensichtlich ein anderes Leben gewohnt, als es ihre Familie da oben führte. Wir hatten ein Gästezimmer. Es war schon komisch. Na ja, und später waren wir zwei, also dein Vater und ich, noch zwei Wochen an der Riviera. Dann sind wir wieder nach Hause. Italien ist schon schön. Hast du außer Arona und Mailand schon mal was von Italien gesehen? Nein, was? Die Abruzzen sind schön. Es ist aber kalt dort oben, sehr kalt, ihr mögt's lieber warm, was?
Auf dem Nachhauseweg wurde wenig gesprochen, Birgits Tante war noch nicht wieder da. Herbert sperrte den Hund in den Zwinger. Birgit bereitete das Abendessen. Sie nahmen es schweigend ein. Dann bat Herbert Birgit ins Kaminzimmer. Er goß zwei Gläser ein und setzte sich in seinen Sessel am Lesetisch.

Sie tranken und schwiegen und sahen ins Feuer.
Dann stand Birgit auf und trat mit ihrem Glas vor die Bücherwand und betrachtete mit schräggelegtem Kopf die Titel der Bücher. Dann wurde ihr das Glas aus der Hand genommen, und sie drehte sich um und sah, wie Herbert es auf das Kaminsims stellte. Dann wandte er sich wieder um und sah sie an und küßte sie.
Birgit schloß die Augen und öffnete sie und sah ihn dicht vor sich und küßte ihn und bohrte ihre Fingernägel in seinen Nacken. Und dann spürte sie seine Hände und sah seine Augen offen und geschlossen und zog ihn dichter an sich, und sie fielen, und er stützte ihr Fallen, und sie lagen, und sie preßte sich an ihn und roch ihn, und er roch nach dem Whisky und seinem Tabak und sein Haar nach Wald, und seine Hände rochen nach Harz, und er blickte sie an und lächelte, und sie schloß die Augen, und das Feuer im Kamin brannte, und die Scheite glühten rot, und manchmal knackte das Holz, und Funken sprangen, und die Glut war rot und grau, und das Glas auf dem Sims wurde immer heißer.
Als Birgit in ihrem Bett lag, schnupperte sie am Laken und biß hinein und umklammerte das Kissen. Sie sah ihn, wie er vor dem Kamin lag, schwer und breit, und sie drückte sich gegen das Bett und starrte in die Dunkelheit, und dann strich sie mit einer langen Bewegung das Kissen glatt.
Am nächsten Morgen saßen sie zu dritt am Frühstückstisch, und Birgits Tante sagte, daß die Kinder im Laufe des Vormittags kommen mußten. Als sie aufstand, griff Herbert nach dem Serviettenring und warf ihn hinter ihr her. Er prallte gegen die Anrichte, und die Frau fuhr herum.

Am nächsten Morgen saßen sie zu sechst am Frühstückstisch, und Herbert war betrunken und hatte nicht geschlafen. Er schrie seine Kinder an, und dann schrie er seine Frau an. Dann stand er auf und ging hinaus in Richtung Dorf.
Am Mittag hatte Birgit gepackt und ein Taxi bestellt, das gegen zwei Uhr da war.
Am darauffolgenden Morgen frühstückten Herberts Frau und die Kinder allein, weil Herbert schon sehr früh aus dem Haus zur Jagd war.

Auf der Hulb

Die Straße führte über die Bahngleise ins Industriegebiet. An ihren Flanken die flachen, langgestreckten, aus Fertigteilen gebauten Montage- und Lagerhallen, am Ende, außerhalb des Stadtgebietes, die Kläranlage. Jetzt am Sonntag war alles sehr ruhig.
Wo fahren wir eigentlich hin? fragte Werner seinen Vater.
Auf die Hulb.
Hulb hieß der Sportflugplatz mit der Graspiste und der Wellblechhalle zwischen Industrieviertel und dem Beginn der Weizen- und Maisfelder im Süden der Stadt.
Da ist heute Flugfest, sagte Werners Vater. Wir können, bevor uns deine Mutter zum Essen erwartet, den Kunstfliegern zusehen und was trinken. Hast du Lust?
Ja, klar.
Man kann auch eine Runde mit dem Sportflugzeug drehen. Möchtest du mal fliegen?
Mit dir?
Ich bin ja schon oft geflogen.
Ja, stimmt, sagte Werner.
Sie bogen ab auf die Straße, die zum Flugplatz führte. Dann war da ein Geräusch, das wurde immer lauter, und dann, mit einem Dröhnen, welches das ganze Auto ausfüllte, jagte ein Keil von vier roten Flugzeugen dicht

über sie hin, und Werner riß, um ihnen nachzusehen, den Kopf so schnell nach oben, daß ihm schwindlig wurde. Vier rote Kondensstreifen standen wie Röhren in der Luft.

Mit denen fliegt man aber nicht mit? fragte Werner.

Sein Vater lachte und schüttelte den Kopf. Nein, dafür haben sie eine kleine Propellermaschine.

Mama würde das jedenfalls nicht erlauben, sagte Werner.

Sein Vater sah ihn erstaunt von der Seite an. Na, da kümmerst du dich doch sonst nicht drum.

Sie hätte in jedem Fall Angst.

Sie weiß es ja nicht, aber du mußt nicht fliegen, wenn du nicht willst.

Natürlich will ich, sagte Werner.

Er war im Traum schon oft geflogen. Von der Kante des Turms ins Nichts springen und dann schweben mit diesem hohlen und doch schweren Gefühl im Bauch. Er kannte Flugzeuge aus dem Fernsehen, er wußte, wie es sich anfühlt, der Blick aus dem Fenster hinab in die Tiefe, sitzen, aber den festen Untergrund vergessen.

Papa, fliegen eigentlich viele Leute?

Ja, heutzutage die meisten.

Und stürzen Flugzeuge oft ab?

Nein, sehr sehr selten. Es gibt viel weniger Flugzeugabstürze als Autounfälle.

Überlebt man so einen Absturz?

Nein, das nun allerdings meistens nicht. Aber es geht schnell.

Aber man kann es doch überleben?

Es passiert wirklich so gut wie nie. Ich fliege ja auch oft, und mir ist noch nie etwas passiert.

Aber wenn ich fliege, könnte ich doch abstürzen, oder?
Du mußt nicht, wenn du Angst hast.
Natürlich will ich. Ich hab keine Angst, sagte Werner.
Es ist ein sehr schönes Gefühl, sagte sein Vater.
Ja, ich weiß, sagte Werner.
Dann waren sie angekommen und parkten auf dem Grasparkplatz vor dem Wellblechhangar. Drinnen umstanden Menschen die Flugzeuge, deren Tragflächen zur Hälfte nach oben geklappt waren. Es waren viele Leute da, sie schlenderten übers Gras, sie trugen Anoraks gegen den kalten Wind. Vor dem kleinen Kontrollturm standen eine Gulaschkanone und ein Tresen, wo Bier und Limonade ausgeschenkt wurden. Dann kamen die Kunstflieger zurück, und die Leute starrten hinauf und hielten sich die Ohren zu.
An der Theke lehnte ein Mann, der bei ihnen im Haus wohnte. Er war dick, er trank ein Bier, Werners Vater begrüßte ihn.
Wissen Sie, mit der Fliegerei hab ich nichts am Hut, aber hier kann ich in Ruhe ein Bier trinken und eine Zigar' rauchen. Er sagte Zigar', mit der Betonung auf Zi.
Eine junge Frau ging vorbei. Werner sah sie an. Dann zog er seinen Vater am Ärmel.
Du Papa, die Frau da sieht genau aus wie eines von den Mädchen, die mich mal verfolgt haben.
Sein Vater sah den Dicken an und lachte. Was, du hast dich mal von Mädchen verfolgen lassen? Auch der Dikke lachte.
Aber du weißt es doch, murmelte Werner.
Er war in der zweiten Klasse und zog ein Mädchen aus der sechsten an den Zöpfen in der Pause auf dem Schulhof. Auf dem Nachhauseweg standen sie plötzlich hin-

ter einer Hausecke, zu viert. Das Mädchen hatte hellblaue Augen und eine spitze Nase. Sie umringten ihn. Da rannte er los. Sie hinter ihm her. Dicht. Er riß sich los, wenn sie ihn an der Kapuze zu fassen bekamen. Er rannte bis ins Haus. Sein Herz hämmerte. Einmal lief er falsch und mußte über einen Zaun steigen. Sie erwischten ihn und schlugen ihn auf den Rücken. Hinter dem Zaun landete er auf einem halbgefrorenen Misthaufen. Sie lachten ihn aus. Sie standen jeden Tag hinter dieser Hausecke, für sehr lange Zeit. Er dachte den ganzen Morgen in der Schule nur an den Rückweg. Er erzählte niemandem davon, erst viel später.

Das war in einer andern Stadt gewesen, bevor sie umgezogen waren.

Sein Vater legte die Hand auf seine Schulter. So, komm, gehn wir rüber. Mein Sohn möchte nämlich mal fliegen.

Na dann, sagte der Dicke. Ich bleibe lieber fein hier unten.

Sie bezahlten für einen Flug und warteten, bis die Maschine landete. Es war eine viersitzige Cessna, weiß mit einem roten Längsstreifen. Der Propeller drehte sich immer langsamer, bis man seine zwei Flügel erkennen konnte, und lief aus. Werner ging an der Hand seines Vaters auf das Flugzeug zu. Der Pilot stieg aus der Tür.

Mein Sohn möchte gern eine Runde fliegen.

Werner sah den Piloten an. Es war die Frau von vorhin. Hellblaue Augen, spitze Nase. Sie lächelte zu ihm hinunter. Sein Vater blickte sie lange an. In der Lederkombi, die sie trug, sah sie sehr wie eine Frau aus. Sie roch nach Parfum. Sie legte ihre Hand mit roten Nägeln auf Werners Haar. Der erstarrte. Heiß wurde ihm. Dann fröstelte er. Er dachte ans Fliegen, an die Schwerelosig-

keit, den Blick hinab, an das atemlose Rennen in der eisigen Luft, den Griff der langen spitzen Finger dicht hinter ihm. Der rotierende scharfschneidige Propeller. Zwischen Bauch und Knie verkrampfte sein Körper so sehr, daß es schmerzte.
Er rührte sich nicht vom Fleck. Sein Vater schüttelte ihn. Die Frau nahm ihre Hand fort.
Na, einer muß mitkommen. Wir können hier nicht ewig stehen.
Werner sah zu Boden.
Sein Vater sagte etwas – Werner verstand es nicht –, dann stieg er in das Flugzeug. Werner rannte, den Blick immer noch am Boden, zurück bis zum Hangar. Hinter sich hörte er den Motor starten, es wirkte, als sei der Propeller direkt über ihm.
Vor dem Hangar drehte er sich um und sah, wie das Flugzeug mit dem hinteren Stützrädchen übers Rollfeld holperte, Geschwindigkeit aufnahm und abhob. Starr hing das Fahrwerk, ein umgekehrtes Vau.
Das Flugzeug beobachtend, ging Werner hinüber zur Theke, wo der Dicke in einer Gruppe rauchender alter Männer stand und seine Zigarre paffte.
Werner wußte, das Flugzeug würde abstürzen, und er kann nicht davonlaufen, und es bohrt sich in ihn, und es kriegt ihn so doch noch.
Er blieb bei den Männern stehen und sah nicht mehr nach oben.

Herta Behn oder Der Besitz des Lebens

1

Herta Behn spielt mit der Fernbedienung. Sie liegt auf der Couch im Wohnzimmer. Ihre Eltern kommen erst morgen wieder. Sie wird nicht ins Jugendhaus gehen. Im zweiten Programm läuft ein Film mit Delon. Herta schließt die Augen. In diesem Film wird Delon in einem verfallenen Kastell mitten im Meer erschossen, sein Freund weint um ihn. Niemand stirbt wie Delon. Sie öffnet die Augen. Petra hat von dem Jugendhausfest erzählt. Die Balkontür ist geöffnet, das Rauschen wie von Pappeln im Wind kommt von der Schnellstraße. Man kann den Kirchberg sehen, dort steht das Jugendhaus, der Wetterhahn auf dem Kirchturm glänzt in der trüben Nachmittagssonne. Daß ihre Eltern fort sind, bedeutet nicht, daß sie nun hinlaufen wird, als hätten sie bislang nur die Warnungen ihrer Eltern abgehalten. Die Feinde auf dem Bildschirm können nur Delon erschießen, Herta weiß, wie ihnen zu begegnen wäre. Daß Delon es nicht weiß, macht ihn Herta noch sympathischer. Die meisten wissen es nicht, aber sie bilden es sich ein. Delon läßt sich mit seinen Feinden ein, das ist sein Fehler. Das rotgestrichene Jugendhaus oben auf dem gepflasterten Platz liegt der Polizeiwache direkt gegenüber. Der alte Fachwerkbau sollte abgerissen werden, der Pastor setzte durch, ein Jugendhaus einzurichten. Die

Kreiszeitung nannte es ›Die Krebszelle auf dem Rathausplatz‹. Anfangs hatte der Pastor sogar eine Kolumne in der Zeitung erkämpft, dann fand die Polizei zum ersten Male Rauschgift dort, und die Zeitung deckte auf, daß der Pfarrer mit Kommunisten diskutierte während seiner Bürostunden. Wenn Herta zum Rathaus geht, bleibt sie auf der Seite der Polizei. Aus den geöffneten Fenstern der Lärm, der Pulk Motorräder vor der Tür, wie es von den Häusermauern widerhallt, wenn sie starten und brüllend und kreischend in die Stadt hinunter verschwinden, eine schwarzlederne Armee, bedrohlich. Die Burschen, die vor der Tür lungern, dich mit ihren Tierblicken näherziehen, einfangen, der Moment, wenn du an ihnen vorübergehst, daß sie nicht nach dir greifen; sie saufen dort, nehmen Rauschgift, bis sie nicht mehr klar denken können, wenn du nicht achtgibst, nicht aufpaßt, nicht ständig auf der Hut bist, den klaren Kopf behältst; wer überhaupt dort hingeht, durch die Tür in diesen dunklen Hausflur; einmal haben sie einen Jungen, der nach Hause wollte, bis zum Brunnen verfolgt und mit Fahrradketten halbtot geschlagen, berichtete die Kreiszeitung.
Delon, wie er die Hafenkneipe betritt und weiß, hinter seinem Rücken versperren jetzt zwei den Ausgang, und wie er redet mit dem Algerier im weißen Anzug, der sich die Stirn abtupft mit einem Seidentüchlein, und Delons Blick auf seinem Gesicht, und wie der Dicke, als Delon aufsteht und ihm den Rücken kehrt, ein Zeichen mit dem Finger gibt, daß sie ihn hinauslassen. Und die Nahaufnahme: die Schweißperlen auf Delons Stirn, als er wieder auf der Straße steht. Aber er geht zu hohe Risiken ein, er ist zu dicht dran an den Menschen, zu

dicht, als daß sie ihn lassen könnten, er weiß selbst, daß sie ihn töten werden, er weiß es und flieht dennoch nicht, ihre nassen Hände, damals als Herta den Film zum ersten Mal sah, und wie gut, aufzublicken in die gewohnte Umgebung. Delon, der lächelnd stirbt, der weint um das Leben, das er verläßt. Dem das Sterben nichts ausmacht. Und ob es etwas ausmacht zu sterben. Man stirbt nicht wie Delon im Kugelhagel, in den Armen seines Freundes. Herta hat schreckliche Angst vor dem Sterben.

Das ist die letzte Fete, hat Petra gesagt, das letzte Mal. In einer Woche schließt die Polizei. Sie werden alle kommen. Ich könnte heulen. Weißt du, die zerschlissenen Sofas vom Sperrmüll, der Dreck in den Ecken und der Krach und die Leute, und jetzt hört es alles auf. Wie Geburtstag. Du erinnerst dich an den letzten und was seitdem alles passiert ist, und das Jahr ist vorbei und kommt nie, nie mehr. Abschied, weißt du, das ist immer Leben. Auf dem Schulhof oben am Galgenberg standen sie einmal, Petra und die andern, und schwärmten vom Rauchen und den Jungen. Sie wußten, es war schlecht und gefährlich und sündig, aber Petra verdrehte die Augen und sagte, das ist doch Freiheit, daß ich mein eigenes Leben kürzer machen kann, wenn ich will. Herta hielt sich abseits und hörte kaum mehr hin.

Ihr Großvater ist an Lungenkrebs gestorben. Herta kennt die vier Schwarzweiß-Fotos vom Begräbnis. Die hochaufgetürmte dunkelgraue Erde und die schwarzgekleideten Leute alle mit gesenkten Köpfen und der Sarg auf vier Bohlen über dem offenen Grab und Oma auf Mutti gestützt und der rasierte Nacken des Pfarrers im hellgrauen Talar.

Ein einziges Mal hat Herta geraucht. Wie sie im Sommer nach der Schule auf dem Rad den Häuserblock mit dem Zigarettenautomaten umkreiste, wie ihre Hand zitterte, als sie Reval ohne Filter zog, ihre ängstlichen Blicke, als sie das Rad im Wald abstellte, anschloß, wie sie, ab vom Weg, die Augen schloß, Tennisschuhe und Socken auszog, barfuß im moddrigen Boden stand, wie es braun zwischen ihren Zehen emporquoll, sie zündete die Zigarette an, nahm einen tiefen Zug und wie ihre Angst nach vorn strömte, sich an einem Punkt zwischen ihren Beinen drückend sammelte, wie sie später ihrer Mutter weinend gestand, sie habe geraucht.
Ihre Mutter schimpfte, dann drückte sie sie an sich und begann selbst zu weinen. Wirf doch dein einziges Leben nicht weg, weil du den Kopf verlierst.
Hertas Hände umklammern die Polster der Couch. Sie schämt sich, jetzt die Augen zu öffnen, das Wohnzimmer ihrer Eltern zu sehen.
Sie steht auf und geht aufs Klo. Sie sitzt und starrt die Teaktür an, die hellblauen Kacheln, die bis zur Brust reichen, wenn man steht. Sie drückt, die Hände auf den Schenkeln ballt sie zu Fäusten, aber nur ihr Urin plätschert. Im oberen Stockwerk wird gespült, Herta hört die Brocken mit dumpfem Geräusch im Rohr hinabstürzen. Sie drückt, es fühlt sich an, als drücke sie ihren Darm nach außen. Nur zwei weiche Fürze preßt sie hinaus, ein Gefühl von Feuchtigkeit und offener Wunde, unter den Achseln und am Steiß beginnt sie zu schwitzen, sie riecht ihren eigen fahlen, feuchtwarmen Geruch, das Drücken schmerzt, ihr Hintern klebt auf der Brille fest wie eine Schnecke auf einem Brett. Auf den hellblauen Kacheln prangen Abziehblumen.

Gestern abend mit ihren Eltern am Tisch in der Eßdiele; der Leitzordner und das Heftchen mit den Bankauszügen, der Locher und wie ihr Vater jedes Mal aufbrauste, wenn ihre Mutter eine Rechnung nicht sofort fand, und sie saß stumm dabei, sah in die Gesichter der beiden, wie sie jeden Monat Ordnung in die Unterlagen brachten und wie ihr Vater den Kopf schüttelte und sagte: Wir können nicht mehr, es geht nicht mehr, wenns so weiter läuft, stehen wir vor dem Nichts, und die Angst und Beklemmung dieser Abende, die Herta seit ihrer Kindheit kennt, und sie weiß, wie viele Menschen ihren Vater schon betrogen haben, und nichts konnte er dagegen tun, und wie er zum Schluß sagte, wenn er stürbe – für seine Familie sei denn immerhin gesorgt.

Herta starrt gegen die Teaktür mit dem Rost für die Durchlüftung, das Klo hat kein Fenster.

Bloß nicht mit dem Nachbarn schwätzen, hatte ihre Mutter ihr eingeschärft, damals vor dem ersten Schultag. Am besten, du siehst ihn gar nicht. Nur nach vorn zur Lehrerin!

Und sie hatte die ersten drei Monate kein einziges Mal den Kopf gedreht, sie wußte kaum, wie Claudia aussah, und dann wurden sie so gute Freundinnen, aber nie konnte sie Claudia überzeugen, daß es nicht Arroganz gewesen war, weshalb sie sie zuerst nicht beachtete.

Herta steht in der Diele. Die beige Tapete, ineinander übergehende Kreise und der Eßtisch vor dem Fenster, die Kakteen auf der Bank und der Gummibaum in der Ecke und die Türen zur Küche und zu ihrem Zimmer und zum Badezimmer und der Schrank, der früher im Wohnzimmer stand und hinter seiner Glastür die grüne geschliffene noch nie benutzte Punschkaraffe, an der

Decke überm Tisch der Lampenschirm aus Korbgeflecht, der braungelbe Teppich, der Druck vom Haus Julias in Verona an der Wand, der Lichtschalter, die Decke, niedrig, geweißt, die Wände, die Mauern.
Der Raum ist voll Menschen. Es gibt keine Ecke, in der Herta abseits stehen könnte. Hände hinter ihr berühren ihre Jeans an der Tasche, wo die Geldbörse steckt, sie fährt herum. Der Lärm schwächt die Augen, der Zigarettennebel, weiße gleitende Schwaden um die Lampen, verstopft ihre Ohren, dabei versucht sie, sich zu konzentrieren, alles zu erfassen mit wirren Blicken, wohin soll sie zuerst sehen, die Gefahr kann jederzeit und von überall her kommen, niemanden ansprechen, sich taub stellen, starr geradeaus, wenn sie ein bekanntes Gesicht vom Galgenberg wahrzunehmen glaubt. Hinter einer Mauer von Leibern Bewegung; da tanzen sie. Steif stellt Herta sich mit dem Rücken gegen eine Wand neben die Zuschauer, rechts sichert ein Gang einen Fluchtweg. Sie versucht, aufkommende Gefahr zu wittern. Fremde, wohin sich wenden. Zwei Kerle tanzen besonders wild, schrauben sich in die Höhe, knicken in den Beinen weg, ihre schwarzen Lederjacken glänzen, die Nieten auf und ab im Hell-Dunkel. Jetzt stößt der eine den andern in die zurückweichenden Zuschauer. Jetzt springt er hoch und wirft sich mit der Schulter gegen zwei andere, sie fallen, reißen eine Schneise. Der erste ist wieder auf den Beinen, springt den Großen an, sie wälzen sich am Boden, Herta sieht ihre Gesichter nicht, zu spät, das greift über, Prügelei, sie kommt nicht mehr raus, gefangen, die keuchenden Körper rollen auf sie zu; berühren sie sie, fällt sie ihnen auf, ist alles zu spät, die zerbrechen ihr Leben, wie man Hühnerknochen knackt, hinaus,

aber vor dem Gang stehen sie, Herta kann nicht fliehen, die beiden ermorden einander, niemand greift ein, dann ist das ächzende, stöhnende Knäuel direkt unter, neben ihr, sie stolpert, fällt hin, die beiden drehen sich nach ihr um... sie lachen... ihre roten Köpfe... sie grinsen... ihr Keuchen... sie haben Spaß gemacht... sie hassen einander nicht ... die verschwitzten Haarsträhnen ... sie schnappen nach Luft, lachen wieder, helfen einander auf die Beine, dann ziehen sie Herta hoch. Die starrt sie an. Die hassen sich gar nicht, die wollten nichts Böses voneinander, auch nichts Böses von mir, betrogen, das kann doch nicht, Herta starrt sie an, das sind nicht ihre Feinde, Herta haßt sie, die haben sie betrogen, niemand hier will ihr etwas tun, nein, nicht die beiden haßt sie, die sind nur fremd, so fremd, aber sollte sie sich wirklich so lange so getäuscht haben, so getäuscht worden sein?

2

Sie stakst auf die Tanzfläche. Ihr Körper ist aus Holz. Sie beginnt sich zu bewegen. Wie lächerlich. Das muß egal sein. Die Musik. Die beiden... Nur noch die Musik.

Warum sind die so... ich hab Angst... mir gehts doch gut, bin vernünftig, will auch gar nicht unvernünftig sein... die, ohne Seil... Baby, don't worry aus den Lautsprechern... Wie kann man so... Menschen doch feindlich, muß doch achtgeben, kann doch verletzt werden, sterben... Baby don't worry, 'bout a thing...nicht mehr denken... Morgen sorgt für sich selbst, so kann man doch nicht leben... immer Ruhe, Kontrolle, nur so überleb ich bis zu dem Moment, den kenn ich, der kommt irgendwann, wo sich alles klärt, alles leicht wird... aber die beiden, als gäbs ihn nicht, als gäbe es nichts worauf man warten kann, als ob nur die, die nicht darauf warten... Dummer Mut! Die stechen sich Ohrlöcher mit schmutzigen Sicherheitsnadeln, das gibt Hepatitis, bei denen nicht, aber wie kanns ihnen egal sein... gleichgültig oder sicher?... Baby don't worry, 'bout a thing, 'cause every little thing's gonna be alright... muß doch aufpassen daß mirs niemand wegnimmt, geht doch nur zu Hause, die sind so fremd, ich will doch auch... will dazu... bitte bitte... keine Angst mehr, muß doch nur ja, nicht mehr allein, nicht mehr klüger, will mit, bei ihnen, mit ihnen zusammen... nie mehr allein...

Herta steht unten am Fuß des Kirchbergs an der Schnellstraße unter den Lichtmasten. Ein Wagen hält mit quietschenden Reifen. Ein Junge. Er fragt: Wo solls hingehen? Herta macht eine ungewisse Handbewegung. Ich fahr nach Leonberg 'nüber. Sie zuckt die Achseln, nickt. Sie fahren los. Sie sieht sein Gesicht im rasenden Hell-Dunkel der nächtlich beleuchteten Straße. Er fährt zu schnell. Die Musik aus den Lautsprechern überschlägt sich und bricht. Die Angst ist plötzlich wieder da; Unfall. Herta spürt den zerreißenden Schmerz des Aufpralls, Angst zu sterben kriecht die Kehle herauf. Aber dann, der Wagen ist auf der nachtschwarzen Autobahn, kurbelt sie das Fenster hinunter, Fahrtwind schlägt gegen ihr Gesicht. Sie schließt die Augen, und die Angst fließt nach vorn, sammelt sich zwischen ihren Beinen, das Wissen um das Gefühl des dicht bevorstehenden Aufpralls wird Lust, sie wirft sich ihr entgegen, ihr Körper im sausenden Wind des Aufschlagens ist eins mit der tintenschwarzen Nacht. Dann werden ihre Augen wieder klar.

3

In Leonberg läßt der Junge sie aussteigen. Am Himmel der erste Schimmer Helligkeit. Herta zieht Schuhe und Strümpfe aus und wirft sie in den Straßengraben. An Häusermauern Hakenkreuze wie an der Blechwand im Fahrstuhl ihres Hauses. An einer Ecke hockt ein Betrunkener. Er fragt nach Feuer für seine Zigarette. Sie hält ihm ihr Feuerzeug hin. Ihr Gesicht ist dicht an seinen Händen, die sich schützend um die Flamme wölben. Sie geht weiter. Kein Mensch ist auf der Straße, die Häuser sind nachtgrau. Sie springt hoch, dreht sich, sieht die Formen ihres Schattens, den eine Straßenlaterne wirft. Sie geht zum Ortsschild zurück.
Autos rasen mit gelbleuchtenden Scheinwerfern an ihr vorüber. Dann hält ein Werksbus, der Arbeiter zur Frühschicht in die Stadt bringt. Der Fahrer nickt ihr zu. Der Bus ist nur halb voll. Niemand kümmert sich um sie, es ist zu früh. Die Männer sind alle müde, einige schlafen noch. Herta setzt sich in eine leere Reihe. Ein Mann auf der anderen Seite des Mittelgangs legt seine Zeitung nieder, mustert ihre Füße. Der Bus holpert das Kopfsteinpflaster entlang.

Hafenkrankenhaus

Das Gemecker des Alten weckte mich. Kleinhans saß im Bademantel an seinem Bett, dessen Gitter hochgeklappt waren, und rasierte sein Kinn und seinen schlaffen Hals. Weder Oetschi noch der Große Schulz waren im Zimmer. Kleinhans hielt die eingeseiften Hautlappen in der Hand und fuhr mit dem Rasierer darüber. Er war konzentriert bei der Sache. Trotzdem fixierten mich seine gelben Augen, und er sagte: Morgen, Junge, wie geht's? Er war morgens, bevor er den Arzt fragte, wann er nach Hause dürfe, immer munter, obwohl es ihm viel schlechter ging als mir. Morgens hatte ich ihn noch nie deprimiert gesehen, die Tage, die ich hier war. Aber schmal war er, Ringe unter den Augen, nur Haut und Knochen, im Bademantel fiel es nicht so auf. Seine Hände waren groß und die Fingerspitzen gelb. Er hatte die Hautfarbe derer, die in ärmellosen Unterhemden unter freiem Himmel gearbeitet haben. Sein Gesicht war klein, und wenn er sich, wie jetzt beim Rasieren, konzentrierte, zog es sich noch mehr zusammen, es war ein Liliputanergesicht oder ein Hundegesicht, das Haar ölig in einer leichten Welle zurückgekämmt. Hier, Junge, sagte er, hilfst du mir mal, die Schlappen vom Opa zu suchen, ich gehe ein paar Schritte mit ihm. Es war früh am Morgen, aber ich wußte, im Aufenthaltsraum würde bereits der leichte Nebel seiner ersten Reval hängen. Er hielt es im Bett nicht aus. Er wollte immer nach Hause. Er hatte eine Leberzirrhose.

Seit ich vor fünf Tagen aufgewacht war, hatte ich mir noch keine Gedanken gemacht, was jetzt passieren sollte. Tablettenabusus ist ein komisches Wort. Nach einem Tag wurden die Tropfe entfernt, und ich war eigentlich soweit wieder in Ordnung. Am Tag drauf kam der Krankenhauspsychologe. Als er immer wieder von vorn anfing, holte ich mein Ding raus, da ging er. Sie berieten, ob sie mich noch für einige Tage auf eine Psychiatrische stecken sollten. Raus wollte ich aber auch nicht, weil sich ja doch nichts geändert hatte, jetzt. Ich hätte nicht gewußt, was tun, draußen. Hier war es so, als existiere man gar nicht. Manchmal fühlte ich mich den anderen vieren in meinem Zimmer gegenüber wie ein Betrüger, weil sie richtig krank waren. Es war peinlich, aber das machte die Frage nach dem Und jetzt auch nicht einfacher. Ich wäre am liebsten hier vergessen worden. Besuch von draußen wollte ich nicht. Es war das erste Mal seit meiner Mandeloperation vor zig Jahren, daß ich wieder im Krankenhaus lag.

Auf der Toilette begegnete ich Oetschi. Er kam mit langsamem schiebendem Schritt aus der Tür und lächelte mich mit seinen großen Augen an, die wie schwarze Teiche waren. Ich hatte ein-, zweimal mit ihm gesprochen, das heißt, hauptsächlich hatte ich geredet, ihn hatte ich kaum ein Wort sagen hören. In seinem bunten Bademantel wirkte er noch blasser unter der braunen Haut. Sein schwarzes Haar war ein wenig schütter. Keiner wußte, wie er richtig hieß, türkische Namen sind so schwer zu behalten, alle nannten ihn nur Oetschi. Auch das ließ er wie alles hier schweigend und mit traurigem Lächeln über sich ergehen. Kein Mensch wußte, was in seinem Kopf vorging. Er war mit einem Messerstich im Bauch hier eingeliefert worden. Es ging ihm schon viel besser.

Ich hockte im leeren Aufenthaltsraum am offenen Fenster und rauchte die Morgenzigarette. Ich hatte es mir angewöhnt, eine ganz bewußt vor dem Frühstück zu rauchen, genauso wie Kleinhans. Ich sog den Rauch tief ein, blies ihn langsam durch die Nase aus, sah den blauen Kringeln nach und blickte aus dem Fenster hinaus in den Park.

Die Tür ging auf, und Schwester Inge trat herein. Sie lachte mich an. Sie hatte ein spitzbübisches Lachen. Na, mein Junge, sagte sie. Wie geht's der Seele? Sie hatte so eine ironische Art, sie nahm mich nicht ernst, wehleidige Leute nahm sie nie ernst, aber sie arbeitete wie ein Teufel. Sie hatte ein breites slawisches Gesicht mit hohen Backenknochen und kurzgeschnittenes Haar. Das eine Ohr steckte voller Ohrringe. Sie sagte zwar immer Mein Junge zu mir, aber sie konnte kaum älter sein als ich, wenn überhaupt. Unter ihrem blauen Kittel war sie breit und kräftig, und sie hatte Haare auf den Schienbeinen; bei ihr störte es mich nicht. Sie setzte sich zu mir an den Tisch, nahm sich eine Zigarette aus der Packung, warf die Sandalen von den Füßen, reckte sich und bewegte dabei die Zehen. Sie paffte in die Luft: Wir haben schon wieder fürchterlichen Ärger mit Schulz. Er ist ja heute morgen zur Magenspiegelung abgeholt worden, und da hätte er nüchtern sein müssen. Aber irgendwo hat er sich Kekse organisiert und sie gefressen. Natürlich war nichts zu sehen, und dann hat er auch noch das Kotzen gekriegt. Blutige Kotze, pfui Deibel, der Kerl ist eine Sau. Er bildet sich ein, er wär noch immer der King von St. Pauli... Der Arzt hat ihm gesagt, bei der nächsten Zuwiderhandlung fliegt er raus – hoffentlich bald!

Der große Schulz... Der lag wie ein Häufchen Elend im Bett, dünn und blond mit Magenbluten, vielleicht hatte er Krebs. Jedenfalls konnte ihm niemand mehr ansehen, daß er irgendwann einmal der Oberzuhälter Hamburgs gewesen war. Nur das Aufwiegeln und Kommandogeben hatte er sich nicht abgewöhnt. Er piesackte Kleinhans so lange, bis der ihm vom Kiosk unten eine Pakkung Zigaretten holte. Seine Stimme war heiser und knarrend; wenn er brüllte, überschlug sie sich. Das war ihm früher sicher nicht passiert. Er war ein alter Bekannter im Krankenhaus, er war seit langem nicht mehr gesund und auf St. Pauli noch länger abgeschrieben. Er lebte von der Fürsorge. Wenn er sich aufs Klo schleppte, trug er sein altes Bundeswehrkoppel um den Bademantel. Einmal wollte Kleinhans ihm helfen, da schrie er ihn zusammen. Kleinhans hatte Respekt vor ihm, wenn seine roten Augen blinzelten, war er für ihn immer noch der Große Schulz. An die Zeit beim Bund erinnerte sich Schulz gerne; von St. Pauli sprach er nie. Bei einem früheren Aufenthalt hatte er einen Pfleger geboxt und zwei Schwestern zum Weinen gebracht. Wenn Inge Dienst hatte und ins Zimmer kam, gab sie ihm nur mit kalter Stimme Kommandos. Wenn er daraufhin zwischen den Zähnen Fick dich doch murmelte, fuhr sie ihn derart an, daß seine Äuglein ganz groß wurden und sein Mund vor Staunen offenstand. Dann grummelte er etwas wie Schlimmer als meine Alte. Er war nicht mehr der Schulz, der er einmal gewesen sein mußte.

Das Frühstück wurde ausgefahren. Kleinhans half wie immer beim Austeilen und konnte so einige Blicke in die Damenzimmer werfen. Es waren alles alte und häßliche Frauen, aber das machte ihm wenig aus. Er brachte den Kaffee an die Betten, grinste die Frauen an und machte Witze oder sagte ihnen, wie gut sie aussahen. Die Frauen heulten geschmeichelt auf und faßten sich an die zerlegenen Frisuren.

Na, Schwester Inge, hörte ich ihn fragen, was meinen Sie, wie steht's, werd ich bald rauskommen?

Dann war der Frühstückswagen in unserem Zimmer.

Inges Gesicht verdüsterte sich kaum merklich: Das weiß nur der Arzt, Herr Kleinhans. Ihre Frau hat auch noch nicht angerufen, schloß sie an, bevor er danach fragen konnte.

Tja, begann Kleinhans, schwieg dann aber.

In seinem Stadium konnte das nächste Glas Bier der Tod sein, aber wenn er gar nichts trank, mochte auch alles noch eine ganze Weile gutgehen. Sie konnten ihm das nur sagen und mußten ihn irgendwann wieder entlassen. Das nächste Mal, das er zu uns kommt, ist das letzte Mal, sagte Inge. Er selbst hatte mich am dritten Tag, den ich da war, am Arm genommen und ans Fenster geführt. Ich wußte noch gar nicht, was ihm fehlte. Er zeigte mir die Aussicht: Zuerst den Krankenhausgarten, die Mauer, die Hafenstraße, gegenüber das Schwesternheim, rechts das Tropeninstitut, zwischendrin blickte

man auf Bäume, die ihre Blätter verloren, und auf den Hafen, den man mehr ahnte als sah. Schräg unter uns die Landungsbrücken, zwischen zwei Häusern sah man einen Kran, der zum Dock Elbe 17 gehören mußte. Möwen segelten über den Bäumen. Am Himmel standen die Wolken wie riesige Ruinen.
Da unten, Jungchen, sagte er, irgendwo da draußen, aber gewiß nicht hier drinnen.
Ich hatte ihn nicht recht verstanden, ich hielt ihn für ein wenig verrückt, ich merkte erst später, daß er ganz normal war.

Oetschi bekam seinen roten Tee, das Frühstück wies er wie immer mit seinen großen Augen und einer schwachen Handbewegung ab, er aß irgendeine Art Zwieback, den ihm seine Frau mitbrachte. Einmal brüllte der Große Schulz von seinem Bett rüber: Ganz richtig, Kanaker, daß du unser Essen nicht anrührst. Gib's mir, Schwester. Der Türke drehte sich im Bett um und sah zur Wand. Er lag meistens im Bett und las Illustrierte, die ihm seine Frau mitbrachte; dabei war er schon ganz munter.
Kleinhans ließ sich mit einem Verschwörerlächeln zwei Tassen Kaffee einschenken, die er schwarz trank. Er wußte, es war nicht gut für ihn, aber seine zwei Tassen schlug ihm niemand ab. Er nahm sein Tablett, ging damit in den Aufenthaltsraum, aß, trank, rauchte und sah aus dem Fenster in den Herbstmorgen. Er demonstrierte immer ein wenig, wie gut es ihm ging. Aus dem Aufenthaltsraum drangen seine zufriedenen Seufzer. Sein Gesicht war ganz grau.

Ich will diesen verdammten Fraß nicht! schrie der Große Schulz plötzlich. Er lag, die klapprige Gestalt gekrümmt, in seinem Bett, und sein Kopf war rot angelaufen. Ihr glaubt wohl, ihr könnt mich hier fertigmachen? Ihr wißt wohl nicht, mit wem ihr es zu tun habt? Weißbrot und Marmelade! Ich will was Frisches! Aber ich weiß schon, man will mich hier fort haben, lieber tot als lebendig. Ich störe hier. Ich werde unsauber behandelt. Das häng ich an die große Glocke! Er wand sich auf seinem Bett hin und her. Sein Schlafanzug war völlig zerknittert, eine blonde Haarsträhne hing ihm in die Stirn. Sie möchten sich beschweren, Herr Schulz? sagte Inge. Ich? Wir alle! Die anderen Herren hier sind nämlich meiner Meinung. Sogar der Kanaker. Wir boykottieren diesen Giftladen. Wenn ich verrecke, schrie er, bist du schuld. Du verschwindest hier! Hier kommt keiner von euch mehr rein. Ihr wollt mich abmurksen, ihr wollt mich um die Ecke bringen, aber ich bin Olaf Schulz, das habt ihr vergessen. Er wollte sich wie ein drohender König aus dem Bett erheben, ächzte und stöhnte, als er sich aufrichtete und zwischen den Betten hindurch auf Inge zuhinkte, die mit verschränkten Armen in der Mitte des Zimmers stand. Los Männer, schaffen wir die Votze raus hier, bewegt euch, sagte er, dabei sah er uns an und hielt sich an meinem Bettgeländer.
Kleinhans blickte zu Boden, Oetschi hatte den Kopf zur Wand gedreht, ich stand schräg hinter Inge. Der Große Schulz stieß sich vom Bett ab und torkelte auf sie zu.
Gehen Sie zurück ins Bett, Schulz, sagte sie.
Er knurrte auf und fiel dann wie eine Marionette in sich zusammen. Er lag wimmernd auf dem Boden. Kleinhans sprang hinzu. Zu dritt wuchteten wir den Großen

Schulz ins Bett zurück. Inge fühlte besorgt seinen Puls. Der Türke beobachtete uns von seinem Bett aus mit seinen großen Augen.

Zur Visite lagen wir alle in unseren Betten. Der Stationsarzt, der jung war und kühle Hände besaß, stand vor dem Bett Oetschis und blickte zusammen mit den zwei Schwestern und dem PJler in dessen Krankenakte. Dann besah er sich die Narbe am Bauch. Er wechselte einige Worte mit seinen Mitarbeitern, dann beugte er sich ein wenig hinab.

Herzlichen Glückwunsch. Das ist ja ganz prächtig verheilt. Wir können nichts mehr für Sie tun. Morgen früh lassen wir Sie nach Hause.

Er sah den Türken erwartungsvoll an. Der starrte mit geweiteten Augen und schneeweißem Gesicht. Er sagte keinen Ton.

Der Arzt zuckte lächelnd die Schultern und sagte zu Inge, als er sich ans nächste Bett wandte: Dem hat's vor Glück die Sprache verschlagen.

Herr Doktor, wann kann ich raus? fragte Kleinhans, der kerzengerade aufgerichtet im Bett saß. Er fragte jeden Tag das gleiche, jeden Tag mit derselben Hoffnung.

Der Arzt studierte seine Akte. Herr Kleinhans, mit Ihrer Geschichte ist überhaupt nicht zu spaßen. Und das wissen Sie selbst. Ein offenes Wort: Wenn es Ihnen im Augenblick gutgeht, dann liegt das an den Medikamenten. Erinnern Sie sich schon nicht mehr, wie Sie sich fühlten, als Sie herkamen? An eine Entlassung ist vorläufig gar nicht zu denken. Das muß Ihnen klar sein. Hören Sie auf zu rauchen und Ihren schwarzen Kaffee zu trinken.

Dann kann ich ja gleich sterben, verflucht noch mal, sagte Kleinhans.
Der Arzt schwieg. Dann fragte er: Wie geht's denn Ihrer Frau?
Aber die meldet sich ja nie, antwortete Kleinhans, und ich merkte, wie er sich beherrschen mußte. Nach diesen Visiten mußte er sich den ganzen Tag beherrschen, aber es gelang ihm. Er half sich irgendwie darüber hinweg, mit Arbeit. So deutlich hatte der Doktor noch nicht mit ihm gesprochen, seit ich hier war.
Er hatte sich jetzt vor dem Bett von Schulz aufgebaut. Hören Sie mir mal zu, Herr Schulz. Sie sind krank, aber nicht so krank, daß wir Sie nicht beim nächsten Ärger, den Sie hier machen, vor die Tür setzen können. Wenn Sie unsere Maßnahmen boykottieren, können wir sie nicht gesund kriegen, wir können nicht einmal herausfinden, was Ihnen diesmal wieder fehlt. Also machen Sie mit, oder Sie sind draußen, habe ich mich klar ausgedrückt?
Schulz lag in stummer Wut flach auf dem Bett, wie um seinen Wärtern vor Augen zu führen, was sie ihm angetan. Er sah tatsächlich schlecht aus, und mir war unklar, was er wollte. Ich glaube, er suchte nur jemanden, der schuld war an seinem Zustand. Er wollte uns allen beweisen, daß wir ihn auf dem Gewissen hätten, und dann zeigen, daß wir ihn doch nicht kleinkriegen würden. Mir imponierte dieser ramponierte Mensch, der, wie er da in seinem Bett hing, doch noch schwach an den Großen Schulz, den König von St. Pauli, erinnerte.

Draußen auf dem Gang schob Kleinhans den Klostuhl vorbei. Er brachte ihn einer der alten Frauen. Nach der

Visite mußte er immer etwas tun. Er unterhielt sich viel mit dem verrückten Opa, der über achtzig war und sich für einen preußischen Husaren hielt. Manchmal ging er auch mit ihm übers Krankenhausgelände spazieren, einmal war ich mitgegangen, und es kostete Kleinhans nach den Visiten viel Mühe, am Kiosk vorbeizugehen, ohne sich ein Bier zu kaufen. Der Opa marschierte stramm zwischen uns und grüßte militärisch nach links und rechts.
Aufrecht, sagte er zu mir, und das Gebiß rutschte ihm vom Oberkiefer. Aufrecht, immer aufrecht, Herr Fähnrich.
Jetzt schob Kleinhans den Klostuhl nach Sechs, und danach würde er irgend etwas anderes tun, um nicht am Fenster des Aufenthaltsraumes oder unseres Zimmers ins Brüten zu kommen.

Ich hatte nichts zu lesen mit, Landserhefte oder Pornos von Kleinhans und Schulz interessierten mich nicht, ich saß im Aufenthaltsraum am Fenster und blickte hinaus auf die Bäume. Schwester Inge kam und fragte, ob sie sich für einen Moment zu mir setzen könne.
Du glotzt in die Gegend wie Oetschi, sagte sie zu mir.
Der, sagte ich. Was hat es mit dem eigentlich auf sich?
Ich weiß nur, daß er mitten in der Nacht eingeliefert wurde, mit einem Messerstich im Bauch und einer leichten Gehirnerschütterung, und bis morgens auf der Wachstation lag. Es muß irgendwo auf St. Pauli passiert sein, er wohnt, glaube ich, am Holstenplatz. Man kann sich ja ungefähr ausmalen, was da geschehen ist. Jedenfalls kann ich es verstehen, wenn er keine große Lust hat rauszukommen.

Wieso, was soll denn da passieren? fragte ich.
Sag mal, mein Junge, noch nie was gehört von anonymen Briefen an Ausländer, wie ihre Kinder belästigt werden, von Horst-Wessel-Komitees, die zu dumm sind, ihre Hakenkreuze nach rechts gebogen zu zeichnen?
Nein, sagte ich stur, ich habe nur von Türken in Berlin gehört, die ihrer achtjährigen Tochter Nägel durch die Fußsohlen gejagt haben, als Strafe für irgend etwas.
Du bist ein Arschloch, mein Junge, sagte Inge. Warum liegst du eigentlich nicht auf der Augenstation? Prost Mahlzeit. Na, ich muß wieder an die Arbeit... Sie strich mir fahrig übers Haar und verschwand.

Als das Mittagessen kam, lag Kleinhans in seinem Bett und starrte an die Decke. Dann fand er jedoch die Kraft, aufzustehen, die Teller auffüllen zu lassen und sie zum Tisch zu tragen. Er sah hinüber zu Oetschi, der stand auf und kam zu dem Wärmewagen.
Schwein? fragte er.
Das ist kein Schwein, das ist Kalbfleisch, sagte Kleinhans. Ist es doch, oder?
Der Türke lächelte scheu und schüttelte den Kopf. Schwein. Er wollte nichts. Wie jeden Tag. Die Stationsschwester hatte schon vor vier Tagen einmal Normalkost Mohammedaner beantragt.
Tun Sie ihm wenigstens ordentlich Kartoffeln und Gemüse drauf, sagte Kleinhans. Der Türke würde die Kartoffeln stehen lassen und an den verkochten Erbsen und Karotten picken.
Ihr Essen steht auf dem Tisch, rief Inge dem Großen Schulz zu.

Ich bleib im Bett!
Inge stemmte die Arme in die Hüften, da nahm Kleinhans den Teller: Schon gut. Ich bring's ihm.
Schulz starrte böse auf den Mischmasch. Da fehlt Salz! Aber dann schwieg er. Er schonte seine Kräfte. Er war schließlich im Krieg.
Kleinhans zermanschte das Essen für den Opa. Wir drei saßen allein am Tisch. Das Gebiß des Alten rutschte mehrere Male ab, und mümmelnd versuchte er, es wieder in die Normalstellung zu bringen.

Die Verdauungszigarette rauchte ich zusammen mit Kleinhans im Aufenthaltsraum. Wir saßen am Tisch, sahen den Schwaden nach und schwiegen.
Na, Jungchen, wie geht's dir? fragte Kleinhans schließlich.
Dasselbe wollte ich Sie auch gerade fragen.
Weißt du, begann er dann wieder schwerfällig, nimm mir's nicht krumm, aber ich versteh dich nicht ganz. Du...na, ist ja auch egal, was ich sagen wollte, ist, ich will gerne raus, Mensch, ich wollte, ich wäre gesund, ich...aber da gibt's ja wenig dran zu deuteln. Kennst du Hamburg, ich wohn draußen in Ochsenzoll, ja ja, bei den Verrückten. Warum meine Frau nicht mal kommt, weiß ich auch nicht...wenn ich dich langweile, mußt du's sagen, hier, nimm mal eine von denen, nein, was wollt ich sagen, ja, Ochsenzoll, ich kenn da einen, der war mal Schreiner, arbeitet jetzt als Holzschnitzer, schöne Sachen macht der, die Drucke, das ganze Altonaer Hafenviertel zum Beispiel, wie's vor dem Krieg war, alles Erinnerung, er ist auch älter als ich, riecht gut in seiner Werkstatt, ich hab leider die meiste Zeit in

Kneipen verbracht, späte Erkenntnis meinst du, was? Zu spät gibt's gar nicht. Im Augenblick kann ich mir ja nur die Bäume ansehen und riech den Hafen da unten, wenn's Fenster offen ist, der Arzt rückt ja auch nicht mit der Sprache raus, weißt du, jeden Tag und, na, lassen wir's, da heißt's eben warten, hoffen, was Vernünftiges tun, dranbleiben, rückgängig zu machen ist nichts mehr, das ist mir schon klar, aber ich frag dich, wann ist schon mal was rückgängig...na ja, wenn ich keinen Schluck mehr trink, hab ja wohl auch genug in meinem Leben, haha, sag mal Junge, nenn mich doch einfach Adolf, dieses ewige Herr Kleinhans geht mir so auf den Sack, ja, Adolf wie unser Führer. Na, ich hab ihn nur als Kind mitgekriegt, erinner mich nicht mehr...weiß nur, daß er 'ne Sau war, und die dahinter, Geld verdienen und Leute sterben lassen, und von sterbenden Leuten halt ich nichts... Er hörte auf zu sprechen, preßte die Lippen aufeinander und nickte mit dem Kopf. Die filterlose Zigarette verglomm zwischen seinen Fingern.

Oetschi stand schweigend am Fenster, die Hände in den Taschen seines Bademantels. Ich setzte mich an den Tisch. Im Glas spiegelte sich sein Gesicht. Es war starr, er schaute bewegungslos in die Ferne, seine Schultern waren hochgezogen, auf der kahlen Stelle am Hinterkopf standen Schweißperlen. Einen Moment lang war es ganz ruhig im Zimmer.
Hey, Kanake, rief der Große Schulz, was glotzt du da aus dem Fenster?
Der Türke drehte sich langsam zu ihm um, den ganzen Körper, nicht nur den Kopf, und sah ihn an.

Den Kaffee brachte Erika, eine siebzehnjährige Schwesternschülerin. Gleich beim Eintreten fixierte sie der Große Schulz, der sich im Bett aufgesetzt hatte.
Möchten Sie den Kaffee ans Bett, Herr Schulz? fragte das Mädchen.
Bring ihn her.
Sie stellte die Tasse und den Keks auf seinem Nachttisch ab.
Bleib da, befahl er. Du bist neu hier, was. Ich will dir mal einiges erklären. Weißt du eigentlich, wo du hier bist?
Ja, sagte sie, in einem Krankenhaus.
Und da soll man doch die Leute gesund machen, wie? sagte Schulz. Weißt du, zum wievielten Male ich hier bin? Zum fünften. Und bin ich gesund? Bestimmt nicht. Woran liegt das wohl, hm? Ich will es dir sagen: Man will mich hier nicht gesund machen, sondern umbringen. Leute mit meiner Vergangenheit, die sollen am besten tot sein. Der Arzt, auch deine Schwester Inge, hier sieh mal, hältst du das für ärztliche Kunst? Er schob den Ärmel von seinem mageren blauen Arm und zeigte ihr die Narben und die Löcher in seiner Haut, wo man die Tropfe befestigt hatte. Man wird hier gequält, Kleine, bis aufs Blut gequält. Hast du mal gehört, wieviele Leute unter der Hand im Krankenhaus sterben? Und was alles – aus Versehen – versäumt wird bei der Behandlung? Mich wollen sie rausschmeißen, weil ich ein Störer bin, ich bestehe auf meinen Rechten. Sie wissen, daß ich krank bin, daß ich verrecke, wenn ich raus muß. Ist dir nicht auch schon aufgefallen, wie Schwester Inge mit mir umspringt, und bringt man euch das denn so bei? Hier, ich zeige dir mal, was sie alles an mir verbrochen

hat. Er packte sie am Handgelenk und zeigte ihr seinen verwüsteten Körper. Ich will gesund werden, verstehst du, aber sie wollen mich alle kleinkriegen... Er richtete sich halb im Bett auf, röchelte und sackte in sich zusammen. Das Mädchen war sofort über ihm.

Laß nur, Kleine, schon gut, aber das habe ich jetzt öfter, du mußt mir ein bißchen helfen, versprichst du mir das, alleine schaff ich's nicht, flüsterte der Große Schulz.

Erika nickte stumm.

Erst mal trag mir das Ding da weg, er deutete mühsam unter sich. Da kümmert sich auch niemand drum... Das Mädchen nahm die Bettpfanne, aber Schulz ließ sie nicht gehen. Er legte seine Hand auf ihr Handgelenk und hielt sie fest. Versprichst du mir, mir zu helfen. Läßt du zu, daß sie mich fertigmachen? Ich war einmal ein anständiger Kerl, und ich will nicht von Leuten unter die Erde gebracht werden, die mich hassen. Verstehst du mich. Wir müssen zusammenhalten, Kleine. Du bist der einzige Mensch, den sie noch nicht gegen mich aufgebracht haben.

Und dann standen Tränen in seinen Augen. Ich beobachtete die beiden fasziniert. Das Mädchen, ganz bleich, strich ihm mit der Hand über das verschwitzte Blondhaar: Sie werden bestimmt gesund, Herr Schulz.

Ich danke dir, sagte Schulz leise. Und jetzt hör mal zu, und er zog ihren Kopf zu sich herab, folgenden Gefallen kannst du mir tun, wenn du mir helfen willst, dann wurde das Flüstern so leise, daß ich nichts mehr verstand.

Ich trank meinen Kaffee, den ich ganz vergessen hatte. Die anderen waren, bis auf den Türken, nicht im Zimmer. Schließlich stand die Kleine von Schulz' Bett auf

und rannte, als sie merkte, wie lange sie bei uns gewesen war, mit der Pfanne in der Hand aus dem Zimmer.
Schulz richtete sich ächzend im Bett auf, grinste und rief: Ja, reden muß man können! Hier, Kanaker, das ist dein Nachteil. Du kannst nicht reden.
Der Türke sagte nichts.
Der Große Schulz saß da und angelte nach seinem Kaffee auf dem Nachttisch. Er kam nicht ran. He, du, rief er mir zu, hilf mir gefälligst mal. Ich rührte mich nicht. Mit wütendem Gebrumm versuchte Schulz an die Tasse zu kommen, mit dem dünnen blauen rechten Arm zog er sich am Haltegriff hoch. Ich wußte nicht, ob er wieder nur schauspielerte. Ein Krüppel bin ich, murmelte er, abgesägt, vorbei...dann bekam er plötzlich Übergewicht und stürzte aus dem Bett, schlug noch mit der haltsuchenden Hand aufs überstehende Ende des Tabletts, der Kaffee spritzte in hohem Bogen über ihn, der verkrümmt auf den Fliesen lag. Ich klingelte nach einer Schwester.

Die Frau des Opas kam immer schon ein wenig vor der Besuchszeit. Sie war eine elegante Dame, die nicht mehr gut sah, aber keine Brille trug. Daher waren Rouge, Lippenrot und Augenbrauenstrich in ihrem Gesicht immer etwas daneben oder zu dick aufgetragen oder ganz vergessen, sie sah wie eine venezianische Karnevalsmaske aus. Sie war sehr nett und nahm, wenn sie kam, zuerst Kleinhans beiseite und steckte ihm mit auffälliger Heimlichkeit jedesmal einen Zehnmarkschein zu, weil er sich so viel um ihren armen Mann kümmerte. Kleinhans nahm dann den Ausdruck eines Pfadfinders an, ich hätte ihm übers Haar streichen können.

Heute zog die alte Dame ein paar braune Herrenschuhe aus einer Plastiktüte, die ihr Mann nicht mehr brauchen könne, und nötigte Kleinhans sofort, sie anzuprobieren. Er stand da in den Schuhen, seinen grünen Socken, die dünnen unbehaarten Schienbeine, der Bademantel reichte bis zum Knie. Er bedankte sich mit einem Diener.

Dann überflutete die Türkenfamilie das Zimmer. Zwei ältere Männer, zwei Frauen und sechs kleine Kinder. Einige lautlose Gesten und gezielte Blicke Oetschis brachten jedoch sofort Ruhe in das Gewusel, und in malerischer Art gruppierte sich der ganze Clan rund um das Bett. Oetschi präsidierte, zurückgelehnt, das Kissen im Rücken, die Hände auf der Bettdecke ausgebreitet. Er erwiderte mit tiefem Ernst Umarmungen und Küsse. Wenn er sprach, sprach er stets jemanden an, seine Augen fixierten das Gegenüber. Hatte er geendet, wandte er den Kopf langsam dem nächsten zu. Nur einer der Frauen legte er beim Gespräch die Hand auf den Arm. Dann gab er mit leicht erhobener Hand lächelnd ein Zeichen. Er hatte fürs erste genug geredet und überließ den anderen das Feld, die sich sogleich kreuz und quer, laut, rufend und lachend unterhielten. Oetschi lag im Mittelpunkt und betrachtete sie alle mit einem schmerzlichen Lächeln.

Draußen auf dem Gang spazierte Kleinhans, im Bademantel mit seinen neuen Schuhen in Begleitung einer Frau und eines Mannes, der viel größer war als er. Die Frau hatte sich bei ihm eingehängt, Kleinhans watschelte schlaff nebenher, aus seinem Gesicht war jeglicher

Muskel verschwunden. Die Frau hatte strähniges dünnes Haar, das ihr auf die Schultern hing, und man sah ihre graue Kopfhaut. Ihre Nase war dick und rot. Ihr enges Kleid war tief dekolletiert und nicht einmal knielang, an ihrem Schienbein war eine braunrote Schrunde. Ihre Stimme klang meckernd und heiser. Ich bemühte mich, nicht zu verstehen, was sie sagte. Ihr Begleiter hatte ein rotes Gesicht mit kleinen Schweinsaugen. Auf seinem rechten behaarten Unterarm eine bläuliche Tätowierung. Dann nötigte die Frau Kleinhans, die neuen Schuhe auszuziehen und ließ sie den Großen anprobieren. Sie paßten ihm, und er behielt sie gleich an. Du brauchst sie hier ja doch nicht, sagte Frau Kleinhans.

Ich nutzte die Besuchszeit, um auf dem Krankenhausgelände spazierenzugehen. Auf der Wiese zwischen unserem Gebäude und der Hafenstraße fand ich im Gras eine Tablette, ein gelbweißes großes Dragee. Ich suchte und entdeckte noch mehr, sieben Stück. Sie lagen direkt unter unserem Zimmer im Gras. Ich ging damit hoch und zeigte sie Schwester Inge, die zeigte sie dem Arzt, der erkundigte sich: Im Parterre nahm niemand diese Dragees. Damit war die Sache klar. Der Große Schulz war fällig.

Das Kommando, das kurze Zeit später in unserem Zimmer einrollte, war zu stark und zu entschlossen, als daß Schulz noch eine Chance gehabt hätte. Trotzdem zog er noch einmal alle Register. Er schrie, er brüllte, er schleuderte sein Kaffeetablett vom Nachttisch, er schäumte, warf den Schwestern die obszönsten Bemerkungen zu, simulierte einen Anfall, wand sich rasend vor Schmerz, fiel in eine Ohnmacht, aus der er desto wütender wieder hochjagte, verfluchte die junge

Schwesternschülerin, die zu weinen begann, und als er dann, unter der Versprechung, er werde sich umbringen, den Kopf gegen den Bettpfosten schlug, ergriff man ihn, brachte ihn mit einer Injektion zur Ruhe, zog ihn an, packte seine Habe in den Koffer und führte ihn aus dem Zimmer. Ihr Arzt ist benachrichtigt, auf Sie achtzugeben, Herr Schulz, wenn es sich als nötig erweist, wird er Sie wieder einweisen – aber nicht hier.
Schulz, dünn und schmal, ging in seinem schlotternden Fischgrätmantel, gestützt von zwei Männern vom Transport, aus der Station hinaus. Am Eingang drehte er sich noch einmal um. Alle Patienten standen an ihren Zimmertüren. Ich habe Freunde, noch habe ich Freunde! Und ich kenne eure Namen, jeden einzelnen! Und dabei ließ er einen Blick kreisen, bei dem man unsicher werden konnte, ob er wirklich so gar keinen Einfluß mehr besaß. Mit einem Ruck befreite er sich von den helfenden Armen und ging zur Tür hinaus. So verließ der Große Schulz das Hafenkrankenhaus.

Im Aufenthaltsraum hockte Kleinhans und versuchte, so gut es ging, sich mit dem Opa zu unterhalten. Eine sehr lebhafte fünfzigjährige Nutte vom Straßenstrich, die auch an Zirrhose litt und am ersten Tag gleich im Entlausungsbad gelandet war, rauchte mit und lachte laut über ihre eigenen Witze.
Kleinhans war noch grauer im Gesicht als sonst. Junge, weißt du, ob der Arzt da ist? Ich muß nämlich raus, diesmal ist es nicht nur, weil ich raus will, es gibt jetzt nämlich plötzlich Probleme, er muß mich einfach...
Ich sagte ihm, daß ich den Doktor im Stationszimmer gesehen hätte. Kleinhans sprang auf und war fort. Ich

ging langsam nach und wartete vor der Tür. Er war so schnell wieder draußen wie erwartet. Ich schüttelte fragend den Kopf. Er stand da wie auf dem Sprung und versuchte, seine Gedanken zu ordnen. Er machte immer wieder einen halben Schritt auf die Ausgangstür zu, dann einen halben in Richtung Zimmer. Dann sah er mich an.
Junge, ich muß runter was trinken. Bin gleich wieder da. Du hast mich nicht gesehen, kapiert?
Bevor ich antworten konnte, war er weg, in Bademantel, grünen Socken und Pantoffeln.

Schwester Inge machte immer noch Dienst. Die Situation an der Station sah schlimm aus. Einige hatten Urlaub, viele waren krank, die Schwesternschülerinnen konnten den Dienst natürlich nicht alleine schmeißen, die Stationsschwester besuchte nachmittags Fortbildungskurse, und Willi, der Pfleger, war auf Entzug. So mußte Inge an diesem Tag zwei Dienste hintereinander abreißen.
Obwohl sie schon seit morgens arbeitete, wirbelte sie noch immer durch die Gegend, in ihren Holzsandaletten, in denen sie barfuß steckte, dem blauen Kittel, der ihren kräftigen Körper umspannte, den kurzen Stachelhaaren, den Ohrringen. Sie organisierte, schrie, beruhigte, und ihr Grinsen, das nichts und niemanden ernst nahm, verwandelte sich am Bett der Patienten in einen Ausdruck behutsamer Konzentration. Ich hatte Lust, mit ihr zu schlafen.
In einer ruhigen Minute, als sie halbwegs entspannt an mir vorbeiging, sagte ich: Inge, ich bin in dich verliebt.
Sie blieb zwei Schritte weiter stehen und drehte sich

langsam um. Ihr Gesicht wurde hart: Unsinn, mein Junge. Du bist verliebt in meine Arbeit. Dir imponiert, daß ich hier rumflitze wie ein wildgewordener Handfeger, während du dumm im Krankenhaus rumstehst, wo du nichts verloren hast und dich hinten und vorne bedienen läßt.
Schon wieder auf dem Sprung, kehrte sie noch einmal um und küßte mich. Es war ein richtiger Kuß. Sie verschwand in Zimmer sechs, wo die rote Leuchte anzeigte, daß jemand geklingelt hatte.

Ich brauchte frische Luft. Unten traf ich Kleinhans, der gerade vom Kiosk kam.
Na, wie geht's? fragte ich.
Besser, sagte er, und sein Atem roch nach Bier. Viel besser. Es ist zwar eine Dummheit, aber das mußte sein. Es ist auch eine Dummheit vom Doktor, mich nicht rauszulassen, ich sitze jetzt schon zwei Ewigkeiten hier drin. Aber jetzt geht's besser.
Gehen wir nach oben, sagte ich, es gibt Abendessen.
Willst du ein Pfefferminz? fragte er und hielt mir eine Rolle hin. Vor dem Eingang blieb er stehen und hielt mich fest. Ist er nicht wunderschön, der Hamburger Himmel? fragte er und sah nach oben. Wunderschön...

Das Abendessen wurde aufgetragen, und unser Zimmer war seltsam leer. Der Große Schulz war nicht mehr da, der Türke seit geraumer Zeit verschwunden, Kleinhans lag im Bett, er fühlte sich nicht wohl. Der Opa und ich saßen am Tisch. Inge und die Schwesternschülerin servierten Brote und Tee.
Wo ist denn Oetschi? fragte Inge.

Ich zuckte die Schultern. Sie machte sich auf die Suche. Erika goß Kleinhans die Tasse voll Tee. Er setzte an, trank einen großen Schluck, griff sich mit der linken Hand an den Hals, und dann schoß in einer Eruption das Blut aus seinem Mund, sein Kopf wurde kreideweiß, er bäumte sich im Bett empor, und der dunkle rote Schwall ging in die Teetasse und aufs Laken. Die Kleine stürzte zu ihm hin, stellte die Tasse auf den Nachtschrank und wühlte in der Schublade, wo eine Sonde hätte liegen müssen. Ich sprang auf, drückte auf die Klingel und schrie aus der offenen Tür laut um Hilfe. Es war das erste Mal, daß ich das Wort Hilfe rief. Inge erschien, kurze Zeit später ein Arzt, und ich sah, wie sie das Bett von Adolf Kleinhans umringten, alle möglichen Bewegungen ausführten und es schließlich im Laufschritt hinausrollten. Ich hörte es über die Fliesen poltern und rattern, bis es hinter der Stationstür verstummte. Der Opa aß seelenruhig weiter. Ich ging hinüber zum verwaisten Nachttisch, wo die Steinguttasse stand, in der ein Gemisch aus schwarzem Tee und dem Blut von Kleinhans schwamm.

Als der Aufruhr sich gelegt hatte, war der Türke immer noch nicht wieder aufgetaucht. Wir bekamen alle die Panik und suchten ihn gemeinsam. Ich ging zur Toilette, wo ich ihm am Morgen begegnet war. Niemand. Aber eine der Damenkabinen war von innen abgeschlossen. Ich rief und klopfte gegen die Tür. Dann rüttelte ich. Nichts. Ich alarmierte die anderen. Die Tür wurde aufgebrochen. Ich stand ziemlich gut. Der Türke lag in seinem bunten Bademantel reglos neben dem Klobecken, neben ihm eine umgefallene Flasche Domestos-

Sanitärreiniger. Wir Patienten wurden weggejagt, und die gleiche Prozedur wie zuvor begann, und schließlich wurde auch der Türke auf einer Bahre hinüber auf die Intensivstation getragen. Ich konnte noch einen Blick auf sein schmerzverzerrtes Gesicht werfen, ein Auge stand halb offen und blickte mich im Vorbeihuschen an.

An Einschlafen war nicht zu denken. Ich hockte im Aufenthaltsraum und rauchte eine Zigarette nach der anderen. Schließlich ging die Tür auf, und Inge trat schweigend ein. Sie ließ sich auf einen Stuhl fallen, streifte die Sandalen ab, legte die Beine auf den Tisch, griff nach meinen Zigaretten, zündete sich eine an, blies den Rauch aus und schloß die Augen. Eine Viertelstunde schwiegen wir.
Schließlich fragte ich: Und?
Sie öffnete die Augen, atmete tief durch und sah mich an. Kleinhans ist tot. Varizenblutung. Weiß der Himmel, wie das so plötzlich kommen konnte. Und Oetschi – wenn er tatsächlich morgen entlassen wird, dann auch im Sarg, ich weiß es nicht...
Sie schloß wieder die Augen und rauchte die Zigarette bis zum Filter. Ich wußte nicht, was ich sagen sollte. Ich hielt den Mund.
Du wirst vermutlich morgen oder spätestens übermorgen rauskommen, sage Inge schließlich. Du bist ja okay.
Ja, sagte ich. Dann stand ich auf, um schlafenzugehen. Ich hatte das Bedürfnis, noch irgend etwas zu sagen, aber mir fiel nichts Passendes ein. Als ich das Zimmer verließ, warf ich noch einen Blick auf die Schwester. Sie saß am Tisch mit dem Rücken zu mir und sah aus dem Fenster.

Inhalt